Dieter Krowatschek

Entspannung in der Schule

Anleitung zur Durchführung von Entspannungsverfahren in den Klassen 1 – 6

Dieter Krowatschek

Entspannung in der Schule

Anleitung zur Durchführung von Entspannungsverfahren in den Klassen 1 – 6

---

borgmann

Zu diesem Buch gehört eine Tonkassette mit Musik, die sich besonders gut zum Entspannen eignet. Die Musik wurde so komponiert und konstruiert, daß z.B. die Anzahl der Taktschläge einem beruhigten Herzrhythmus entspricht. Allein das Anhören der Kassette wirkt schon entspannend auf Kinder.

Da viele Übungen mit Musik durchgeführt werden können, wird die Verwendung der Kassette empfohlen. Sie enthält auf der A-Seite den Titel: „Reise mit dem Zauberteppich" und auf der B-Seite das Stück „Im Wunderland der Phantasie".

Beide Titel wurden von Markus Heck eigens für dieses Buch in Absprache mit dem Autor komponiert und gespielt.

---

3. Aufl. 1997
Gestaltung der graphischen Symbole: Guido Keiner
Gesamtherstellung: Löer Druck GmbH, Dortmund

Bestell-Nr. 8368 ISBN 3-86145-107-7

Inhalt

Erläuterung der Symbole

Besonders wichtige Hinweise.

Dynamische Übung. Sie ist als Einstieg gedacht und dient dem Abbau von Anspannung. Sie erleichtert es Kindern, zur Ruhe zu kommen.

Kurze Entspannungsübung. Durchführungsdauer: wenige Minuten. Die Übung eignet sich besonders zur Vorbereitung einer längeren Entspannung.

Strukturierte Entspannungsübung, die an Musik gebunden ist und einen Einstieg, einen Mittelteil und einen Ausstieg hat. Durchführungsdauer: 10-15 Minuten.

Übung, die Kindern besonders viel Spaß macht. Erfreut sich bei Kindern hoher Beliebtheit und motiviert sie außerordentlich stark.

Übung, die zu kreativem Schreiben anregt.

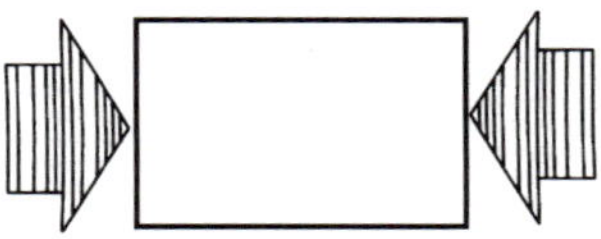

Wichtige Zusammenfassungen für die Durchführung.

Statt eines Vorwortes ...

Kinder berichten, wie sie über Entspannung denken, was sie empfinden und welche Auswirkungen sie bei sich feststellen können:

„Ich finde die Übungen entspannend. Danach bin ich ruhiger. Das finde ich schön.“ *(Christina)*

„Es beruhigt mich innerlich. Und ich kann mich gut darauf konzentrieren. Es entspannt mich auch.“ *(Fabian)*

„Ich kann mich sehr gut dabei konzentrieren. Ich kann auch gut dabei malen.“ *(Jennifer)*

„Es ist sehr beruhigend. Man vergißt alles um sich herum.“ *(Sebastian)*

„Es beruhigt mich. Mir fällt danach einfach mehr ein.“ *(Jan)*

„Ich finde es super, denn man lernt sich konzentrieren. Auf mich tut es gut wirken, denn dabei werde ich ganz ruhig.“ *(Nina)*

„Ich finde es ganz toll. Wenn wir eine Übung gemacht haben, bin ich immer sehr ruhig danach.“ *(Malte)*

„Es macht Spaß, die Übungen zu machen. Es ist sehr beruhigend und entspannend. Es hilft mir vom Alltag wegzukommen.“ *(Julia)*

„Ich kann ein bißchen Schulstreß abbauen. Auf mich wirkt es sehr beruhigend.“ *(Steffi)*

„Ich werde dabei ganz ruhig. Es macht mir Spaß.“ *(Florian)*

„Ich fürchte mich nicht mehr, wenn ich alleine zu Hause bin. Ich fürchte mich auch nicht mehr, wenn ich alleine in der Dunkelheit irgendwohin gehen muß. Ich kann mich besser in der Schule konzentrieren und ich kann mich besser aussprechen.“ *(Ismail)*

Mit dem Zauberteppich unterwegs ...

Lutz (11 Jahre)

Filiz (11 Jahre)

Zeichnungen aus der Klasse 5 zu der Entspannungsübung S. 72ff

Ein Abenteuer mit Kapitän Nemo und seinem Unterwasserboot Nautilust

Stefanie (11 Jahre)

Omar (10 Jahre)

Zeichnungen aus der Klasse 5 zu der Entspannungsübung S. 78 ff

(Peter, 8 Jahre)

„Ich bin ein großer Rosenbusch mit vielen kleinen Blättern und Blüten. Um mich herum stehen zwei große Bäume. Von weitem sehe ich eine Wiese und eine kleine Scheune. Etwas weiter rechts von mir ist in der Ferne ein See mit kleinen Bäumen drumherum. Ich habe viele Dornen. Die schützen mich gegen die Raben, die immer wieder versuchen, meine Blüten abzubrechen. Bei mir ist warmes Wetter. Die Sonne scheint auf mich herab."

Rosenbuschphantasie S. 62 ff

(Ismail, 12 Jahre)

„Ich als Baum stehe im Freien. Meine Farben sind schwarz, rot, braun, gold und silber. Ich bin geschmückt durch eine deutsch-türkische Flagge. Unter mir ist ein deutscher und ein türkischer Junge, die sich die Hand geben. Ich bin sehr fröhlich."

Baum-Phantasie S 64f

(Markus, 9 Jahre)

„Ich bin ein großer Baum, ziemlich stark, auf einer verwilderten Wiese. Neben mir steht ein kleines Gartenhaus. Um mich herum sind ein Strauch und ein Baum, drei Vögel und eine Katze. Das sind meine Freunde. Im Moment ist es friedlich. Es ist schönes Wetter. Drei ziemlich kleine Wolken sind am Himmel. Ich blicke geradeaus und fühle mich wohl. Die Sonne tut mir gut. Ich fühle mich nicht immer so."

Baum-Phantasie S. 65f

Die grüne Maus von Alexandra, 8 Jahre

Phantasieexperiment S. 69f

Dichten eines Haikus – Kreatives Schreiben S. 93ff

(Sebastian, 11 Jahre)

„Ich als Boot bin ein bißchen zerfetzt. Die Piraten krabbeln auf mir herum und versuchen das halb zerrissene Segel abzuhängen.

Es ist sehr stürmisch und eine Riesenwelle kommt auf mich zu. Aber ich überwältige sie. Neben mir im Meer liegt der Proviant der Piraten und ein Stück vom Mast und vom Segel. Dennoch trotze ich dem Sturm. Ich bin ein ganz schön starkes Boot."

Phantasieexperiment „Boot im Sturm" S. 65f

1. Die Ausgangssituation

In einem Bilderbuch für kleine Kinder aus dem 19. Jahrhundert findet sich das eindrucksvolle Gedicht „Wie das Kind sein soll“:

Wie das Kind sein soll

Die Kinder in der Schule klein,
die sollen wie die Blumen sein,
wie Blumen gut, wie Blumen zart,
von sittiger und stiller Art.

Wie du sein sollst:
Wie das Täubchen zierlich,
verträglich und fein,
liebevoll und manierlich,
so sollst du sein.

Wie du nicht sein sollst:
Wie das Kätzchen so tückisch,
voll Trug und voll Schein.
Wie das Kätzchen so hintertückisch,
sollst du nicht sein.

Wie du nicht sein sollst:
Wie das Wölflein gefräßig,
dem Schwächern zur Pein,
wie das Wölflein unmäßig,
sollst du nicht sein.

Wie du sein sollst:
Wie das Lämmchen geduldig,
Genügsam und rein,
wie das Lämmchen unschuldig,
so sollst du sein.

(aus: Ein Bilderbuch für kleine Kinder; 1856)

Wer sich *heute* mit GrundschullehrerInnen über ihre Arbeit unterhält, hört immer wieder, daß sich die Schulkinder, insbesondere die Erstklässler, in den letzten Jahren angeblich völlig verändert haben.

Offensichtlich sind eine ganze Reihe von Kindern nicht in der Lage, sich über einen kurzen Zeitraum hin zu konzentrieren. Es ist für sie schwierig, Störreizen zu widerstehen.

Die gestörte Fähigkeit, sich auf eine Sache zu fokussieren, um so bei einer Aufgabe bleiben und jegliche Art der Ablenkung abwehren zu können, bereitet den Kindern und auch den LehrerInnen große Probleme.

Gleichzeitig aber sind sie durchaus motiviert, sich auf alles Neue einzulassen und auch soziale Regeln zu akzeptieren.

LehrerInnen wollen ihre pädagogische Arbeit keinesfalls immer wieder durch Ermahnen, Schimpfen, Nörgeln oder gar Bestrafen unterbrechen. Vielmehr wollen sie mit dem Schreib- und Leselehrgang beginnen, vielleicht die Tagesplan- oder Wochenplan-Arbeit einführen. So wächst die Bereitschaft, auch sich selbst zu verändern, andere Ansätze, als die bisher praktizierten, zu versuchen.

Ein Ansatz ist nun, unterschiedliche Entspannungsverfahren als Methode im Unterricht einzusetzen, um gerade sehr unruhigen Kindern die Möglichkeit zu geben, sich immer wieder neu auf eine phantasievolle, kreative und beruhigende Weise zu konzentrieren. Konsequentes Üben führt hier zu einer besseren Konzentrationsfähigkeit und größerer Selbstakzeptanz (bei Kind und LehrerIn). Phantasie und Kreativität werden in hohem Maße angeregt.

Der Einsatz von Entspannungsverfahren in der Schulklasse kann mit einem Goldschatz verglichen werden, den man gefunden hat. Er liegt tief in der Erde. Der Finder hat die Möglichkeit, ein paar Körner von der Oberfläche abzukratzen, er kann sich aber bemühen, was aber anstrengender ist, den ganzen Schatz für sich zu heben.

Entspannungsverfahren sind heute fester Bestandteil in der therapeutischen Arbeit nahezu aller Kinderpsychologen. Von daher hat auch die Zahl der Veröffentlichungen zu Entspannungsverfahren extrem zugenommen. Oft sind die in der einschlägigen Literatur vorgeschlagenen Übungen und Verfahren aus therapeutischen Settings, also aus der Arbeit mit einem Kind oder einer Kleingruppe entstanden, manchmal sogar ausschließlich aus der Seminartätigkeit der Autoren.

Die Situation in der Schulklasse unterscheidet sich von der therapeutischen Arbeit in mehrfacher Hinsicht:

- Zu einer Schulklasse gehören von vornherein mehr Kinder. Es können über 30 Kinder sein.

- Die Auswahl der Entspannungsverfahren hat unterschiedlichen Altersgruppen Rechnung zu tragen. So werden im 1. Schuljahr sicher andere Verfahren zur Anwendung kommen als z.B. im 4. Schuljahr.

- Die räumlichen Möglichkeiten sind begrenzt. In der Regel findet Entspannung im Sitzen statt. Es kann nicht davon ausgegangen werden, daß alle Kinder liegen können. Dies wäre nur mit einem erheblichen zusätzlichen organisatorischen Aufwand durchführbar, so daß dann für viele KollegInnen Entspannungsverfahren nicht mehr praktikabel sind.

- Bei der Auswahl der Entspannungsverfahren ist der Tatsache Rechnung zu tragen, daß LehrerInnen keine ausgebildeten Therapeuten sind. Im Rahmen ihrer Ausbildung sind sie in der Regel nicht im Einsatz von Entspannungsverfahren trainiert worden.

Auch inhaltlich eignen sich nicht alle Übungen und Verfahren zum Einsatz in der Schulklasse.

Aus diesen Gründen sollen hier ausschließlich Übungen, Experimente und Methoden dargestellt werden, die aus der Schulklasse heraus entwickelt oder hinlänglich mit Schulkindern erprobt wurden.

So kann der besonderen Situation in der Schulklasse und ihrer Lehrkräfte Rechnung getragen werden.

2. Physiologische und psychologische Hintergründe

Ziel der Entspannungsverfahren ist es, die körperliche Umschaltung von *Leistung* – aber auch von *Streß* und *Unruhe* – auf *Erholung* willentlich zu bewirken. Also das, was im Schlaf bei den meisten Menschen automatisch stattfindet. Diese Umschaltung erfolgt in dem Teil unseres Nervensystems der für die Selbstregelung unserer inneren Organe zuständig ist. In diesem Nervensystem (auch autonomes oder vegetatives Nervensystem genannt) gibt es zwei voneinander unterschiedliche Erregungsmuster:

1. Die *sympathische* Erregung, die im Körper eine *Leistungsreaktion* hervorruft und

2. die *parasympathische* Erregung, die eine *Entspannungsreaktion* auslöst.

Die folgende Darstellung verdeutlicht die Arbeitsweise des vegetativen (autonomen) Nervensystems.

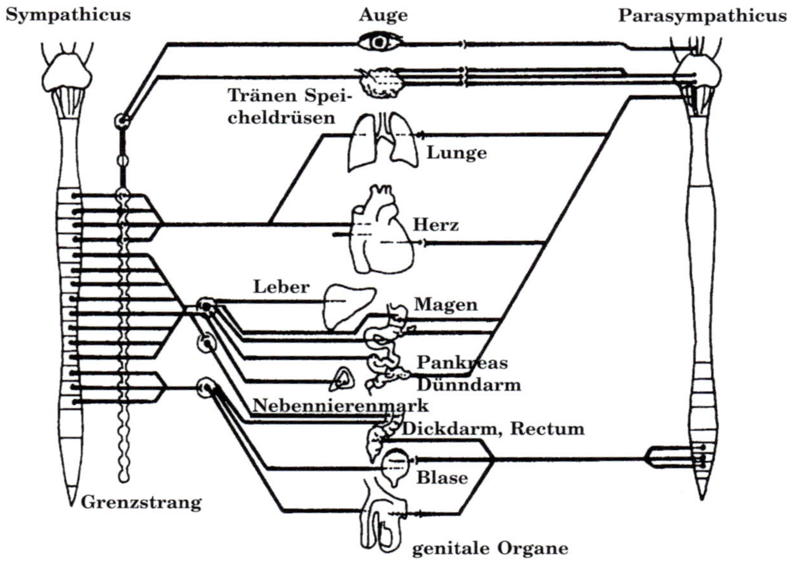

Beide Aktivitätsmuster bewirken Veränderungen, die in der Funktionsweise unserer Organe unmittelbar erlebt werden können. So wird in der Entspannung die Atmung ruhiger, der Herzschlag langsamer, die Haut fühlt sich angenehm warm an (ist also durchblutet), die Verdauungstätigkeit wird aktiviert usw.

Für die körperliche Gesundheit und psychische Ausgeglichenheit ist ein ungefähres Gleichgewicht zwischen Leistung und Entspannung unabdingbar.

Überwiegt nun die Leistungsreaktion mit Streß und Unruhe, so empfiehlt es sich, Verfahren zur bewußten Entspannung zu erlernen und zu praktizieren. Da das autonome Nervensystem dem Willen nicht unmittelbar zugänglich ist, nutzt es nichts, wenn man weiß, welchen Körperzustand man anstreben möchte. Das Wissen allein führt noch nicht zu einer Veränderung.

Entspannungsverfahren, die eine bewußte körperliche Entspannung zum Ziel haben, bedienen sich im Großen und Ganzen zweier unterschiedlicher Grundprinzipien, um die gewünschte willkürliche Umschaltung im vegetativen Nervensystem von Sympathikus auf Parasympathikus zu ermöglichen.

2.1 Die Körperwahrnehmung wird trainiert!

Die meisten Menschen nehmen Vorgänge im Körper kaum wahr. Unsere Sinnesorgane sind nach außen orientiert: wir sehen, hören, schmecken, tasten, fühlen. Ausnahme bilden besondere Belastungssituationen, in denen uns plötzlich Körperreaktionen bewußt werden: Jemand regt sich sehr auf – körperlich kann dies zu Schweißausbruch, Herzrasen, Durchfall usw. führen.

Das Erlernen der Wahrnehmung innerer Geschehnisse ist notwendig und Voraussetzung für bestimmte Entspannungsverfahren. So wie beim Fußballspielen das Trainieren bestimmter Muskelgruppen unabdinglich ist, so wird die Schulung der Körperwahrnehmung z.B. bei der Progressiven Relaxation nach Jacobson oder beim Yoga zur Voraussetzung für das Erlernen der willentlichen vegetativen Umschaltung.

Zur Veranschaulichung folgt hier ein kurzer Auszug aus einer Entspannung, die sich an der Progressiven Relaxation orientiert:

„... Ich werde Sie auf bestimmte Empfindungen in Ihrem Körper aufmerksam machen.

Achten Sie bitte zuerst auf Ihren linken Arm und vor allem auf Ihr linke Hand. Schließen Sie Ihre linke Hand zur Faust. Machen Sie eine feste Faust und achten Sie auf die Spannung in Ihrer Hand und in Ihrem Unterarm. Entspannen Sie die linke Hand und lassen Sie sie auf der Armlehne liegen. Stellen Sie für sich den Unterschied zwischen Anspannung und Entspannung fest.

Und noch einmal, machen Sie mit Ihrer linken Hand eine feste Faust, ganz fest; achten Sie bei sich auf die Spannung in Ihrer Hand und im Unterarm ....“

2.2 Die Vorstellung wird aktiviert!

Jeder kennt den Zusammenhang zwischen bestimmten Vorstellungen und Körperreaktionen: Der Gedanke an die bevorstehende Prüfung führt zu körperlichen Reaktionen. Der Biß in eine Zitrone führt zu vermehrtem Speichelfluß. Die Vorstellung eines fließenden Gebirgsbaches bewirkt, austreten zu müssen.

Stellt man sich nun z.B. Körperempfindungen, wie Schwere und Wärme vor, die mit der Entspannung einhergehen, so reagiert auch hier der Körper entsprechend. Die zugehörigen Veränderungen, wie eine Verringerung der Muskelspannung und eine verstärkte Hautdurchblutung, entstehen als Folge der gelernten Koppelung. Je häufiger die Koppelung geübt wird, desto sicherer wird die Veränderung erreicht. Dieser Weg der Entspannung wird z.B. im Autogenen Training vorrangig beschritten.

Im Rahmen des Unterrichtes haben sich eher Verfahren, die über die Vorstellung gehen, bewährt, da vor allem eher aktivere und motorisch unruhigere Kinder auf Entspannungsverfahren, die sich der Progressiven Relaxation annähern, in der Praxis nicht so ansprechen. Die Mehrzahl der Kinder empfindet diese Übungen als langweilig.

Auch wenn im Fremdsprachenunterricht in der Suggestopädie mit der Progressiven Relaxation als Entspannungsverfahren gearbeitet wird, ist bei jüngeren Kindern zu beobachten, daß sie Entspannungsübungen bevorzugen, die über den Umweg der Vorstellung laufen. Sie sprechen viel mehr die Phantasie des Kindes an: Bilder, Geschichten, Abläufe können imaginiert, erfunden oder nachvollzogen werden. Solche Übungen werden von Kindern in der Regel als attraktiver bewertet.

In vielen Verfahren werden Instruktionen aus der Grundstufe des Autogenen Trainings verwendet – bzw. in das jeweilige Verfahren eingebettet.

Das Autogene Training geht auf Ergebnisse der Schlaf- und Hypnose-Forschung zurück. Schon Ende des letzten Jahrhunderts wurden durch Schlaf und Hypnose Streß, Spannungs- und Erschöpfungszustände abgebaut.

Bereits 1905 untersuchte H.J. Schultz, der Vater des Autogenen Trainings, die therapeutische Wirkung der Hypnose. Er konnte verschiedene Auswirkungen auf das vegetative Nervensystem feststellen.

So ist das Autogene Training heute eine in der Verhaltensmodifikation häufig eingesetzte Technik, obwohl es von Schultz aus der Erfahrung der Hypnosebehandlung entwickelt wurde. Physiologisch ist kennzeichnend, daß der Energieumsatz des Körpers durch Entspannung reduziert wird. Der systolische bzw. diastolische Blutdruck wird um 10 – 25% gesenkt. Physiologische Veränderungen an den Kapillaren, eine Verringerung der Muskelspannung und eine geringere Atemfrequenz konnten als Folge des Autogenen Trainings nachgewiesen werden.

Aus lerntheoretischer Sicht beruhen die Effekte des Autogenen Trainings auf einer Verbindung zwischen verbalen Instruktionen zur Entspannung und einem positiv erlebten Entspannungsgefühl. Die dem Kind vermittelten Vorstellungen tragen also subjektiv und physiologisch zur Entspannung bei

Die hier vorgestellten Verfahren und Übungen orientieren sich allenfalls an der Grundstufe des Autogenen Trainings. Dies reicht für den Einsatz im schulischen Bereich absolut aus. Ein großer Teil der vorgeschlagenen Übungen kann bereits ab der Vorklasse eingesetzt werden.

Durch den Einsatz von Entspannungsübungen, die über die Vorstellungskraft der Kinder laufen und sich an Prinzipien des Autogenen Trainings orientieren, kommt es bei Kindern meist schnell

- *zu einer besseren Konzentrationsfähigkeit,*
- *zu einer Erholung (z.B. zuhause zu erholsamerem Schlaf),*
- *zu einer Beeinflussung von verschiedenen Beschwerden, wie z.B. nervösen Bauchschmerzen, psychosomatisch orientierten Erscheinungsbildern*
- *und natürlich auch von Verhaltensauffälligkeiten, (aggressives und psychomotorisch unruhiges Verhalten).*

Für den Einsatz von Entspannungsverfahren spricht folgendes:

Die Kinder erleben bei Entspannungsverfahren einen ausschließlich ruhigen und entspannten Zustand als angenehm und damit verstärkend.

Die Übungen können leicht in ganz unterschiedliche Unterrichtssituationen integriert werden.

Zur Entspannung von Kindern genügt es, wenn Instruktionen aus der Grundstufe des Autogenen Trainings herangezogen werden.

Entspannungsübungen dienen ausschließlich der Erzeugung einer maximal möglichen motorischen Ruhe mit einem gewissen Erregungsabbau. Geht man davon aus, daß Angespanntheit Lernen im allgemeinen behindert, dann sind Entspannungsübungen zum Abbau von Spannung und Erregung fast immer angezeigt. Lernprozesse im weitesten Sinne und Verhaltensmodifikationen werden möglich.

3. Vorbereitung auf die Entspannung

3.1 Übungen zum Abbau von Spannung

Oft ist es sinnlos, eine Unterrichtsstunde mit einer Entspannungsübung zu beginnen, weil die Kinder voller Spannung, Unruhe und Dynamik aus der Pause oder von zuhause kommen.

Von daher empfiehlt es sich, vor der Entspannung mit einer eher dynamischen Übung bzw. Atemübung zu beginnen, damit Spannungen abgebaut werden können. Besonders bei den ganz Kleinen sind gerade diese Übungen besonders wichtig. Eigentlich sollten Übungen dieser Art ihren festen Platz im Unterricht der Grundschule haben, gleichgültig, ob die Lehrkraft mit Entspannungsverfahren arbeitet oder nicht.

Nicht vergessen!

Vor jeder Übung: Gründlich lüften!

3.1.1 Übungen, die sich besonders gut für jüngere Kinder eignen:

1. Die Rutschbahn

Die Kinder sitzen an ihrem Platz oder bereits im Kreis. „Du stellst Dir vor, Du kletterst eine Rutschbahn hoch, erst kletterst Du langsam, Sprosse für Sprosse nach oben (dabei einatmen) und wenn Du oben angekommen bist, rutschst Du hinunter (dabei ausatmen)."

Dieses mehrmals wiederholen.

2. Der Luftballon

„Stell Dir vor, Du bläst einen Luftballon auf. (Die Kinder suchen sich vorher eine Farbe aus.) Jetzt holst Du ganz tief Luft und versuchst so viel Luft wie möglich einzuatmen. Alle diese Luft bläst Du nun beim Ausatmen in den Luftballon.“

Dieses wird mehrmals wiederholt.

3. Der Tiger

„Du stellst Dir vor, Du bist ein ganz starker Tiger. Du atmest tief ein und beim Ausatmen fauchst Du dann wie eine Tigerkatze: ‘Chrrrr’“. Nach dem Ausatmen sagt jedes Kind: „Ich bin ein starker Tiger.“ Mehrmals wiederholen.

3.1.2 Übungen, die sich für alle Grundschulkinder eignen[1]:

4. Die Dampflokomotive

„Du atmest tief durch die Nase ein. Langsam füllst Du den unteren Teil Deiner Lungen, jetzt den Mittelteil und zum Schluß den oberen Teil. Du hältst den Atem an (zählst innerlich 1 – 2 – 3). Du machst mit gespitzten Lippen eine kleine Öffnung. Nun stößt Du kräftig – wie eine starke Dampflokomotive, die eine Steigung hochstampft – etwas Luft aus. Dann atmest Du wieder etwas Luft ein, zähle bis drei und stoße wieder – ganz kräftig – einen Teil der Luft aus. Dies wiederholst Du, bis alle Luft ausgeatmet ist.

1) Die Anregungen zu vier (7-10) Übungen stammen von Else Müller. Weitere Atemübungen bei: E. Müller: Hilfe gegen Schulstreß. rororo Sachbuch Nr. 787.

5. Die Knuddelpuppe

(Eine bei Kindern und LehrerInnen bewährte Technik, um Spannung völlig abzubauen.)

„Du sitzt bequem auf Deinem Stuhl (wichtig: ohne Armlehnen) und atmest tief ein und aus. Ich zähle jetzt gleich von 1 bis 10. Und bei jeder Zahl fällst Du wie eine Knuddelpuppe in Dich zusammen, so daß Du bei „zehn“ ganz zusammengesunken bist.

1: Du atmest tief ein und aus und knickst wie eine Knuddelpuppe ein wenig zusammen.

2: Du atmest tief ein und aus und fällst wieder ein Stück in Dich zusammen.

3: usw. bis 10: Jetzt ist die Knuddelpuppe ganz in sich zusammengefallen.

Du bleibst jetzt einen Moment so sitzen. Dann kommst Du langsam hoch. Du atmest tief ein und aus. Du legst dann die Hände auf die Oberschenkel und bleibst einen Moment ruhig sitzen (ca. 3 Minuten).

Zum Abschluß kannst Du jetzt energisch mehrmals ein- und ausatmen.“

6. Die Zimmerdecke berühren

Alle stehen auf den Fußspitzen, strecken die Arme nach oben und tun so, als ob sie versuchen wollten, mit den Fingerspitzen die Decke zu berühren. Dabei wird tief ein- und ausgeatmet.

7. Jogging

Alle Kinder stehen auf und „joggen“ am Platz. Dabei kann beschrieben werden, welche Strecke „gejoggt“ wird. Auch das Lauftempo kann verändert werden – vielleicht werden einige „Sprints“ eingebaut.

8. Die Windmühle

Auch diese Übung wird im Stehen durchgeführt.

Die Kinder stellen sich vor, sie seien eine Windmühle. Sie machen mit beiden Armen ca. 20 – 30 kreisende Bewegungen nach vorne und dann auch 20 – 30 kreisende Bewegungen nach hinten (in die andere Richtung). So wird automatisch tief ein- und ausgeatmet. Danach ist in der Regel jedes Kind froh, wenn es sich setzen darf.

9. Das Äpfelpflücken

Die Übung kann im Sitzen und im Stehen durchgeführt werden.

„Stell Dir vor, Du pflückst Äpfel von einem großen, hohen Apfelbaum. Du greifst erst mit der rechten Hand nach einem Apfel, pflückst ihn und greifst jetzt mit der linken Hand nach einem anderen Apfel und pflückst ihn. Dabei streckst Du die Arme aus, denn dort – ganz oben – hängt ein besonders schöner Apfel und daneben noch einer.“

Das „Pflücken der Äpfel“ erfolgt abwechselnd mit dem linken und rechten Arm –

bzw. Hand. Die Äpfel sollen zügig gepflückt werden, damit der Korb auch voll wird.

Es ist auch denkbar, daß Sterne vom Himmel geholt werden.

Diese Übungen werden von Kindern besonders gern gemacht.

Äpfelpflücken (1. Schuljahr)

In der Regel werden ein- bis zwei Übungen mit den Kindern gemacht: z.B. „Äpfelpflücken“ und „Schattenboxen“ und danach folgt die Entspannungsübung.

Es ist aber auch möglich, wenn die kleinen Übungen zum Abbau von Spannung immer noch nicht ausreichen, ein kurzes Spiel zu machen, bei dem sich die ganze Klasse bewegt, bei dem gesprochen und doch aufeinander Rücksicht genommen wird, so daß auch im Rahmen einer solchen Spielsituation motorische Anspannung abgebaut wird.

10. Schattenboxen mit den Fäusten und den Füßen!

Die Kinder dürfen nicht zu eng nebeneinander sitzen oder stehen. Sie brauchen bei dieser Übung etwas Platz. Sie stellen sich vor, daß sie mit jemandem boxen – Schattenboxen. Erst nur mit den geballten Fäusten und Armen, dann aber auch mit den Füßen (im Sitzen). Die „Boxbewegungen“ möglichst sehr rhythmisch ausagieren. Auch das Treten kann sehr kraftvoll erfolgen. Dabei wird aus dem Bauch heraus laut „Ah“ gerufen.

Die Übung ist bei Kindern sehr beliebt.

Schattenboxen (2. Schuljahr)

11. Das Pferderennen

Die Kinder sitzen im Kreis auf den Unterschenkeln, die Hände locker auf den Knien liegend.

Zu Beginn des Spiels erklärt die Spielleiter, daß jeder gute Jokkey vor einem großen Rennen mit seinem Pferd den Parcour abgeht. Die Kinder machen die Bewegungen und Laute, die vorgegeben werden, nach.

Probelauf:

Die Lehrkraft schlägt sich im Trab-Rhythmus mit den Händen leicht auf die Oberschenkel und führt dies während des gesamten Probelaufs fort. Die Kinder sitzen auf den Unterschenkeln im Kreis sehr eng beieinander. „Der Jockey“ geht gemeinsam mit den Pferden den Parcour ab.

Spielleiter:

„Rechtskurve“	(alle Spieler lassen sich nach rechts sinken)
„Linkskurve“	(alle Spieler lassen sich nach links sinken)
„Einerhindernis“	(auf die Knie stellen und mit beiden Armen bzw. Händen einen Sprung andeuten)
„Zweierhindernis“	(auf die Knie stellen und mit beiden Armen bzw. Händen einen doppelten Sprung andeuten)
„Kleine Fan-Gemeinde“	(ein noch etwas verhaltenes Johlen)
„Große Fan-Gemeinde“	(ein offenes Gröhlen)

„Wassergraben“ (auf die Knie stellen, einen Sprung andeuten und mit den Händen auf den Boden klatschen, unterstrichen durch die Worte „Pitsch, Patsch ...“)

„Zielfoto“ (alle grinsen in eine Richtung)

Jetzt wird es ernst, die Pferde gehen an den Start und „tänzeln“ nervös und warten auf das Kommando. Das Startzeichen – „und los geht's“ – wird vom Spielleiter gegeben. Die Pferde galoppieren wie wild los. Jetzt erfolgt das Kommando für die einzelnen Hindernisse, die so oft, wie es beliebt, während eines Rennens eingesetzt werden können. Es können mehrere Rennen „geritten“ werden.

Dieses sehr aktive, bewegungsreiche Spiel macht den Kindern viel Spaß. Die Gruppengröße kann die einer Schulklasse sein, es sollte nur darauf geachtet werden, daß die Kinder sehr eng, Oberschenkel an Oberschenkel, sitzen.

Die Pferde gehen an den Start ... (2. Schuljahr)

12. Die Bärenjagd

Die Kinder stehen im Kreis.

Sie sprechen den Text, den die Lehrkraft jeweils vorgibt, nach. Sie führen auch alle Bewegungen aus, zu denen sie aufgefordert werden. Zu Beginn des Spiels ist es wichtig zu erklären, daß man sich möglichst gegenseitig nicht berühren – geschweige denn hinschubsen darf.

Alle Kinder im Kreis gehen auf der Stelle.

Spielleiter: „Wir gehen heut auf Bärenjagd!“ Dabei wird immer weiter auf der Stelle gegangen.

Alle im Kreis wiederholen: „Wir gehen heut auf Bärenjagd!“

Spielleiter: „Und wir haben gar keine Angst!“ (dabei weitergehen)

Alle: „Und wir haben gar keine Angst!“

Spielleiter: „Denn wir haben ein Messer!“ (zeigt auf die rechte Tasche, in der sich ein imaginäres Messer befindet.)

Alle: „Denn wir haben ein Messer!“ (zeigen auf das Messer)

Spielleiter: „Und auch ein Gewehr!“ (streckt beide Arme nach vorn, so als würde er ein Gewehr mit beiden Händen halten)

Alle: „Und auch ein Gewehr!“ (strecken die Arme mit dem Gewehr nach vorn)

Spielleiter: „Was ist das?“ (Zeigt vor sich und dabei immer auf der Stelle weitergehen!)

Alle: „Was ist das?“ (Alle zeigen vor sich.)

Spielleiter: „Das ist ein Wald!"

Alle: „Das ist ein Wald!"

Spielleiter: „Da können wir nicht drüber!" (Mit dem ausgestreckten Arm entsprechende Bewegung machen.)

Alle: „Da können wir nicht drüber!" (entsprechende Bewegung machen)

Spielleiter: „Da können wir auch nicht drunter!" (entsprechende Bewegung machen und immer dabei gehen!)

Alle: „Da können wir auch nicht drunter!" (zeigen)

Spielleiter: „Da müssen wir durch!" (zeigt vor sich auf den Wald)

Alle: „Da müssen wir durch!" (zeigen vor sich)

Spielleiter: „Knack, knack, knack, usw."

Alle: „Knack, knack, knack, usw."

(Der Spielleiter geht geradeaus in Richtung der anderen Seite des Kreises, alle anderen machen das Gleiche und tun so als würden sie vorsichtig durch einen Wald gehen, ohne sich gegenseitig zu berühren, solange bis jeder auf der anderen Seite des Kreises angelangt ist.)

Spielleiter: „Wir gehen heut auf Bärenjagd!" Jetzt wird wieder genauso verfahren – wie oben beschrieben bis zu der Stelle, wo der Spielleiter fragt: „Was ist das?"

Spielleiter: „Was ist das?" (zeigt vor sich)

Alle: „Was ist das?" (zeigen vor sich)

Spielleiter: „Das ist ein See!"

Alle: „Das ist ein See!"

Spielleiter: „Da können wir nicht drüber!" (entsprechende Bewegung mit dem Arm)

Alle: „Da können wir nicht drüber!" (entsprechende Bewegung)

Spielleiter: „Da können wir nicht drunter!" (entsprechende Bewegung mit Arm)

Alle: „Da können wir nicht drunter!“ (entsprechende Bewegung)

Spielleiter: „Da müssen wir durch!“ (zeigt vor sich auf den See)

Alle: „Da müssen wir durch! (zeigen vor sich)

Spielleiter: „Schwimm, schwimm, schwimm ...“ (macht Schwimmbewegung und geht wieder zur anderen Seite des Kreises. Auch alle anderen schwimmen zur gegenüberliegenden Seite ohne sich gegenseitig zu berühren.)

Spielleiter: „Wir gehen heut auf Bärenjagd!“ (Jetzt wieder so verfahren, wie oben beschrieben.

Dann folgt die Durchquerung eines Moores in gleicher Weise, nur daß bei der Überquerung dann die Füße vorsichtig gehoben werden – denn es ist ja ein Moor – und dabei „Plitsch, platsch, plitsch, platsch usw.“ gesagt wird.

Danach wird das ganze Ritual nochmals gespielt und schließlich fragt der Spielleiter wieder „Was ist das? usw.“ „Das ist eine Höhle!“ usw. „Da müssen wir rein.!“

Alle Spieler gehen in die Mitte des Kreises aufeinander zu. Sie halten sich mit der linken Hand die Augen zu und tasten sich mit der rechten Hand nach vorn. Sie gehen ganz vorsichtig in die Mitte.

Spielleiter: „Es ist so dunkel.“

Alle: „Es ist so dunkel.“

Spielleiter: „Was ist das?“

Alle: „Was ist das?“

Spielleiter: „Es ist warm.“

Alle: „Es ist warm.“

Spielleiter: „Es hat ein Fell.“ (Schrei)

Alle: „Es hat ein Fell.“ (Schrei)

Spielleiter: „Es ist der Bär!“

Alle: „Es ist der Bär!“

Spielleiter: „Weg hier!“

Alle: „Weg hier!“

Jetzt gehen alle durch das Moor zurück mit den Worten „Plitsch, platsch usw.“, machen kehrt und schwimmen durch den See „Schwimm, schwimm etc.“ und schließlich zurück durch den Wald „Knack, knack usw.“ Dann bleibt jeder wieder im Kreis stehen und geht auf der Stelle.

Spielleiter: „Geschafft! Uff!“

Alle: „Geschafft! Uff!“

Spielleiter: „Wir waren heut auf Bärenjagd!“

Alle: „Wir waren heut auf Bärenjagd!“

Spielleiter: „Und wir hatten gar keine Angst!“

Alle: „Und wir hatten gar keine Angst!“

Spielleiter: „Denn wir hatten ein Messer!“ (entsprechende Bewegung)

Alle: „Denn wir hatten ein Messer!“

Spielleiter: „Und auch ein Gewehr!“ (entsprechende Bewegung)

Alle: „Und auch ein Gewehr!“

Dieses bewegungsreiche Spiel macht in der Klasse besonders viel Spaß. Wichtig ist dabei, daß die Kinder beim Durchspielen des Rituals vor allem auf die anderen Rücksicht nehmen, selbst aber viel Freude im Agieren finden.

Vor der Entspannung:

Atemübungen

evtl. einige dynamische Übungen, um Spannung abzubauen

3.1.3 Atemübungen zur Streßreduktion für die Lehrkraft

1. Sie setzen sich bequem hin und lassen die Schultern entspannt fallen. Sie schauen gerade vor sich hin. Jetzt atmen Sie fünf Mal ein und aus. Jetzt sind Sie erst bereit, tief und ruhig ein- und auszuatmen.

   Sie atmen jetzt tief ein (zählen bei sich selbst bis 3) und atmen langsam wieder aus (und zählen wieder bei sich selbst bis 3).

   Dann atmen Sie wieder ein (zählen bei sich selbst bis 3), atmen aus (zählen bis 3) und wiederholen das Ein- und Ausatmen mehrere Male.

   Vorteil:

   Diese Übungen können Sie überall einsetzen – im Unterricht, in Konferenzen, auf der Fahrt zur Schule etc. Die Durchführung kann nicht beobachtet werden.

2. Streßreduktion in 6 Sekunden

   Sie merken, daß Sie sich mehr und mehr anspannen. Ihr Streß verstärkt sich.

   a. Sie stellen sich vor, daß sie innerlich lächeln – vor allem mit den Augen.

   b. Sie denken: „Mein Verstand ist wach – mein Körper ist ruhig."

   c. Sie atmen tief ein- und aus.

   d. Beim Ausatmen entspannen Sie die Muskeln beginnend mit dem Gesicht, dann die Schultern und den ganzen Körper.

3.2 Voraussetzungen für die Durchführung

Die Beachtung äußerer Bedingungen bei der Durchführung von Entspannungsübungen ist zwar wichtig, im Schulalltag lassen sich jedoch nicht immer optimale Voraussetzungen schaffen. In einer Schule wird es nie absolut leise sein, es wird gongen, jemand wird zur Tür hereinkommen usw. Von daher kann allenfalls eine Annäherung an die im folgenden genannten Bedingungen versucht werden. In der praktischen Arbeit hat sich gezeigt, daß dies völlig ausreicht.

Für die Durchführung der Entspannung erweisen sich die folgenden Voraussetzungen als günstig:

1. störungsfreie Umgebung (Vermeidung von Lärm und Außengeräuschen, nicht zu helles und nicht zu dunkles Licht),

2. Kleidung (bequem u. nicht einengend),

3. körperliche Bedingungen (keine gefüllte Harnblase, kein Juckreiz, usw.),

4. körperliche Haltung (entspannte und korrekte Haltung zur Vermeidung von Rücken-Nacken-Kopfschmerzen),

5. Augen (ganz geschlossen),

6. Kind – Lehrer – Beziehung (vertrauensvoll),

7. Motivation des Kindes (es soll eine generelle Bereitschaft vorhanden sein, sich auf Entspannung einzulassen),

8. räumliche Distanz (sollte zwischen Kind und Lehrer nicht zu groß sein, aber auch nicht zu gering. Wenn das Kind liegt, sitzt der Lehrer ihm am Fußende gegenüber. Die Kinder sollen den Lehrer jederzeit sehen können, wenn sie dies benötigen. Dadurch gewinnen sie Sicherheit.)

3.3 Die Sitzhaltung

Die Sitzhaltung der Kinder wird oft problematisiert. Die Sitzhaltung sollte der Situation in der Klasse gerecht werden. Erfahrungsgemäß werden LehrerInnen kaum Entspannungsübungen durchführen, wenn sie vorher erst eine Vielzahl von Punkten berücksichtigen oder größere Umbauten in der Klasse vornehmen müssen.

In bezug auf die Sitzhaltung bieten sich folgende Möglichkeiten an:

1. Die Kinder bleiben auf ihrem Platz sitzen (an ihren Tischgruppen). Sie legen den Kopf über die angewinkelten Arme auf der Tischplatte auf. Diese Form der Sitzhaltung wird von vielen KollegInnen bevorzugt. Sie hat den Vorteil, daß die Kinder die Augen geschlossen halten können und sich nicht gegenseitig ablenken. Sie hat aber ebenfalls große Nachteile. Bei dem Anwinkeln der Arme sind viele Muskelgruppen angespannt. Das Kind hat zusätzlich kaum die Möglichkeit, genügend frische Luft einzuatmen, *so daß diese Sitzhaltung nicht empfohlen wird, auch wenn Kinder sie gerne einnehmen möchten.*

2. Die Entspannung wird im Liegen durchgeführt. Dies kann auf einem Teppichboden erfolgen. Es ist aber auch möglich, Gymnastik-Matten hierfür zu nehmen. *Das Liegen ist jedoch nicht Bedingung für eine Entspannungsübung.* Beim Liegen sollte darauf geachtet werden, daß die Kinder auf dem Rükken liegen, die Arme werden locker neben dem Körper angelegt und die Beine sind nicht überkreuzt. Die Augen werden geschlossen.

   Bei Kindern des 1. und auch 2. Schuljahres haben wir in der Klasse festgestellt, daß jüngere Kinder entgegen unseren Erwartungen in der Gruppe erheblich schlechter im Liegen entspannen. Die LehrerInnen berichten, daß die Kinder dies besser im Sitzen könnten. Die VorklassenleiterInnen und Kindergärtnerinnen betonen dagegen nahezu durchgängig, daß die Entspannung besser im Liegen als im Sitzen klappt.[2] Sowohl in der Vorklasse als auch im Kindergarten finden die Übungen fast immer im Liegen statt. Wahrscheinlich sind die Räumlichkeiten der Kindergärten und Vorklassen doch anders als die Möglichkeiten in der Schulklasse. Auch die Zahl der Kinder, die an der Entspannung teilnimmt, mag hier eine Rolle spielen.

3. Die Kinder sitzen auf ihrem Stuhl. Sie stehen mit den Füßen auf dem Boden, legen die Hände leicht auf die Oberschenkel auf, rutschen mit dem Hintern ganz zurück in den Stuhl und drücken den Rücken an die Stuhllehne. Sie können den Kopf nach unten fallen lassen, so wie es Schultz in der „Droschkenkutscherhaltung“ vorschlägt. Sie können aber auch den Kopf aufrecht halten oder den Hinterkopf gegen die Wand anlehnen. Hier sollte das Kind die Kopfhaltung wählen, die es bevorzugt. Auch bei dieser Sitzhaltung ist es erforderlich, daß die Augen geschlossen sind.

   Diese Sitzhaltung hat sich für den schulischen Bereich besonders bewährt. Besondere Vorbereitungen müssen nicht getroffen werden.

Alle anderen Sitz- und Liegehaltungen sind in der Regel zu vermeiden, da hierbei einzelne Körperteile einschlafen oder die Haltungen eine längere Entspannung nicht zulassen. Einwände, wie „Ich kann mich so nicht entspannen“, sollte man zunächst nicht übermäßig stark beachten. Aus der Erfahrung kann gesagt werden, daß Kinder oft die vorgeschlagene Sitzhaltung zunächst als unbequem empfinden. Wenn sie diese aber erst einmal ausprobiert haben, kehren sie immer wieder zu ihr zurück.

---

2) Hinweis: Eine ganze Reihe von KollegInnen kauft bunte Flickenteppiche, die in Kaufhäusern ca. 5,– DM kosten, für die Entspannungsübungen und führt diese als sogenannte „Zauberteppiche“ ein!

Sitzhaltung bei der Entspannung

In der Klasse:

Entspannung im Sitzen:

Annäherung an „Droschkenkutschersitzhaltung"

Hände locker auf die Oberschenkel

Augen geschlossen

3.4 Das Schließen der Augen

Das Schließen der Augen ist für Kinder manchmal besonders schwierig. Es stellt gegenüber der Lehrkraft einen außerordentlichen Vertrauensbeweis dar. Das Kind schließt die Augen und kann nun nicht mehr beobachten, was um es herum geschieht.

Das Schließen der Augen ist bei Entspannungsübungen unabdinglich. Natürlich sollte man daraus kein Dogma machen. Es ist günstig, folgende Instruktion zu geben: „Wir wollen bei dem nächsten Experiment die Augen schließen. Und wenn Du noch einmal gucken willst, machst Du kurz die Augen auf und schließt sie dann wieder." Zu Beginn der Entspannungsübungen öffnen alle Kinder noch einmal kurz die Augen und gucken, was um sie herum geschieht – bzw. ob auch die anderen Kinder die Augen zu haben. Dann aber können sie in der Regel die Augen schließen.

Sollten einzelne Kinder absolut nicht in der Lage sein, die Augen zu schließen, ist es wichtig, sie aufzufordern, einen bestimmten Punkt oder Gegenstand vor sich zu fixieren.

Das Schließen der Augen hat vor allem folgende Gründe:

1. Bei geschlossenen Augen kann das Kind seine Phantasievorstellungen besser entwickeln. Es kann sich besser auf Bilder einlassen, die ihm sprachlich suggeriert werden. Es ist konzentrierter. Es ist „bei sich".

2. Das Schließen der Augen hat aber auch noch einen ganz anderen Grund. Bei der Entspannung passiert es oft, daß bei den Kindern die Gesichtszüge etwas schlaffer werden, das heißt, der Unterkiefer fällt etwas nach unten. Der Mund ist leicht geöffnet. Bei manchen Kindern läuft auch ein wenig Speichel aus dem Mund. Dies ist ein Zeichen für eine besonders intensive Entspannung. Allerdings wirkt hierbei der Gesichtsausdruck der Kinder nicht übermäßig „intelligent". Wenn nun die Kinder die Augen offen haben, kann es leicht passieren, daß sie zu lachen anfangen, wenn sie die Gesichter anderer Kinder beobachten. Es sollte eine Grundregel sein, daß man sich während der Entspannung nicht gegenseitig beobachten darf.

Die Augen sind geschlossen

Bei jüngeren Kindern ist es unbedingt erforderlich, das Schließen der Augen in der gewünschten Sitzhaltung einzuüben. Als Einstieg empfiehlt sich hier eine Übung, die von Kindern besonders gern gemacht wird. Die Kinder sitzen im Kreis in der oben beschriebenen Sitzhaltung. Sie können aber auch an ihren Tischen sitzen. Der Kopf sollte bei dieser Übung auf keinen Fall aufgelegt werden. Wichtig ist nun – und das sollte auch eingeübt werden – daß die Augen auf jeden Fall geschlossen sind.

Die Fliegenjagd

Bevor die Geschichte beginnt, erörtert man mit den Kindern, auf welche Art und Weise Frösche Fliegen fangen. Sie tun dies, indem sie die Zunge weit herausstrecken und nun versuchen sie, die Fliege mit der Zunge zu erwischen. Vielleicht kann ein Kind dies demonstrieren oder die Lehrkraft macht es selbst vor. Die Kinder sollen sich nun in der folgenden Geschichte vorstellen, daß sie Frösche wären. Immer dann, wenn sie ein deutliches „ssss“ hören, wissen sie, daß in der Nähe des Frosches eine Fliege herumfliegt. Sie strecken dann schnell die Zunge heraus und fangen die Fliege. Die Augen bleiben dabei geschlossen. Jedes Kind zählt mit, wieviel Fliegen es insgesamt gefangen hat.

„Ich werde Dir jetzt gleich eine Geschichte erzählen. Du sitzt ruhig auf dem Platz und hast die Hände auf die Oberschenkel aufgelegt und die Augen geschlossen. Du weißt, daß Du in dieser Geschichte ein Frosch bist. Und Du weißt auch, wie der Frosch Fliegen fängt, nämlich dadurch, daß er schnell seine Zunge herausstreckt. Und immer wenn Du ein „sss“ hörst, streckst Du die Zunge heraus und fängst die Fliege und zählst mit, wieviel Fliegen Du insgesamt gefangen hast. Dies kannst Du mir nach dem Spiel verraten.

Als ich heute Morgen zur Schule gefahren bin, war ich schon ein wenig eilig. Ich bin schnell zur Haustür hinausgelaufen und habe die Autotür aufgeschlossen und mich ganz schnell hineingesetzt. Als ich gerade den Gurt anlegen will, höre ich im Auto ein deutliches „sssss“. Da sehe ich doch, daß hinter der Windschutzscheibe eine Fliege sitzt. Ich versuche, sie zu verscheuchen und öffne das Fenster und sie fliegt davon. Und gerade als ich starten will, höre ich von dem Beifahrersitz her wieder ein „sssss“. Da sitzt auch noch eine Fliege. Jetzt lasse ich mich aber nicht stören sondern fahre schnell zur Schule. Ich parke auf dem Schulhof und steige aus. Einige Kinder kommen mir entgegen. Die Sonne scheint und während ich mich so mit den Kindern unterhalte, höre ich neben mir ein ganz leises „sssss". Da sitzt doch tatsächlich eine Fliege auf der Mütze eines Jungen. Es schellt. Wir gehen alle in das Gebäude hinein. Wir steigen die Treppen hoch und gerade als wir zur Tür hineingehen wollen, hören wir ein ganz deutliches und lautes „Wau, wau, wau!". (Die Kinder erwarten jetzt eine Fliege und versuchen natürlich, sie zu fangen. Sie empfinden es als besonders witzig, daß sie statt einer Fliege beinahe einen Hund gefangen hätten. Auch andere Tiergeräusche sind natürlich möglich.)"

Die Geschichte kann nun beliebig lange fortgesetzt werden. Bei kleineren Kindern sollten nicht mehr als 8-10 Fliegen insgesamt gefangen werden. Es kommt auch gar nicht so auf die exakte Zahl sondern vielmehr auf die Sitzhaltung und das Schließen der Augen an, das bei diesem Spiel in der Regel sehr gut klappt.

Die Fliegenjagd

In diesem Zusammenhang kann auch die „Turtle-Technik“ nach Schneider und Robin in einer abgewandelten Form zur Anwendung kommen. Hier wird den Kindern die Geschichte einer Schildkröte vorgegeben. Die Geschichte zeigt vor allem den Jüngeren, wie sie sich – wie die Hauptfigur der Geschichte, eine kleine Schildkröte – ganz einfach entspannen können. Alle wichtigen Voraussetzungen für eine Entspannungsübung werden hier eingeübt: Ruhiges Sitzen, tiefes Ein- und Ausatmen, Senken des Kopfes und Schließen der Augen.

Zunächst wird die Geschichte der kleinen Schildkröte erzählt:

„Die kleine Schildkröte war eine ganz junge, nette und sehr lebhafte Schildkröte. Es macht ihr gar keinen Spaß, in die Schule zu gehen.

Sie konnte nicht gut still sitzen, mußte oft herumlaufen, lenkte sich und andere Schildkröten immer wieder ab, obwohl sie sich jeden Morgen vornahm, alles ganz anders zu machen. Leider aber hatte sie nie Erfolg damit, so daß auch der Schildkröten-Lehrer sie immer wieder ermahnen, schimpfen und manchmal sogar bestrafen mußte. Darüber war sie ganz traurig.

Eines Tages nun traf sie eine alte und sehr weise Schildkröte, die ihr ein Geheimnis verriet.

„Die Lösung für alle Deine Probleme hängt mit Deinem Panzer zusammen. Wenn Du wieder einmal ganz unruhig bist, ziehst Du Dich einfach in Deinen Panzer zurück. Du legst dann die Arme an den Körper und die Hände auf die Beine. Du senkst den Kopf und schließt einfach die Augen und holst ganz tief Luft, bis Du Dich ganz in Deinen Panzer zurückgezogen hast.“

An nächsten Morgen machte die kleine Schildkröte den 1. Versuch und es klappte sofort. Der Schildkröten-Lehrer lächelte ihr freundlich zu und lobte sie. So konnte sie ganz ruhig und aufmerksam sein, wenn sie dies wollte.“

Bei der Entspannung:

Augen möglichst geschlossen – jedoch kein Dogma;

es kann auch ein Punkt fixiert werden

3.5 Die Rücknahme

Die Rücknahme sollte nach Entspannungsübungen gewissermaßen als Ritual erfolgen. Sie sollte auch nicht vom Text her verändert werden.

Die Hände werden zur Faust geballt. Durch die Muskelanspannung wird der Ruhezustand unterbrochen. Die Arme werden gestreckt. Man atmet tief ein und aus und öffnet die Augen.

Das Öffnen der Augen erfolgt in der Schulklasse am Schluß, da sonst Kinder, die sehr schnell die Entspannung beenden, sich u.U. über andere lustig machen. Und um dies von vornherein zu vermeiden, werden die Augen erst am Schluß geöffnet.

Es ist durchaus möglich, daß die Rücknahme mehrfach gesprochen werden muß, da einige Kinder so tief in der Entspannung sind, daß sie die entsprechenden Anweisungen nicht hören.

Bei Kindern hat es sich als günstig erwiesen, wenn zu den entsprechenden Anweisungen von 1 – 3 gezählt wird. Für sie hat dann die Rücknahme offensichtlich eine klarere Struktur.

Für die Rücknahme wird folgender Text empfohlen:

„Ich werde jetzt gleich bis drei zählen. Bei „eins“ ballst Du bitte die Hände zur Faust. Bei „zwei“ streckst Du die Arme nach oben und bei „drei“ öffnest Du bitte die Augen.

„Eins“ – Du ballst jetzt bitte die Hände zur Faust.

„Zwei“ – Du streckst die Arme nach oben und atmest tief ein und aus.

„Drei“ – Du öffnest jetzt bitte die Augen.“

Die Rücknahme

Rücknahme:

1. Hände zur Faust ballen,

2. Arme strecken und tief ein- und ausatmen,

3. Augen öffnen.

Bei tiefer Entspannung mehrmals wiederholen.

3.6 Das Feedback

Nach jeder Entspannungsübung gibt jedes Kind ein kurzes Feedback. Es sollte mindestens die Frage

„Wie war die Übung für Dich?“ oder
„Wie fühlst Du Dich jetzt?“

gestellt werden.

Das Feedback sollte von der Lehrkraft methodisch folgendermaßen durchgeführt werden:

Die Feedbackfrage wird gestellt (z.B. „Wie war´s für Dich?“).

Jedes Kind gibt eine kurze Antwort auf die Frage. Beim Feedback ist es wichtig, daß jedes Kind die Möglichkeit erhält, zu antworten. Die Mehrzahl der Kinder wird unter Umständen nur mit einem Wort antworten. Dies ist nicht schlimm und sollte von der Lehrkraft akzeptiert werden.

Für jede Feedback-Äußerung bedankt sich die Lehrkraft. Sie sagt zu dem Kind gerichtet – sie schaut das Kind dabei an, sucht den Blickkontakt – mit Empathie „Danke“. Dies ist ein besonders wichtiges Element im Feedback. Für die Mehrzahl der Kinder hat gerade diese Bekräftigung eine große Bedeutung.

Die Lehrkraft bedankt sich also bei jedem Kind mit einem freundlichen „Danke“ für seine Rückmeldung (und macht keine Eintragungen im Klassenbuch oder Ähnliches). Der Blickkontakt mit dem jeweiligen Kind hat im Rahmen dieser Übungen eine fast therapeutische Bedeutung. So könnte es u.U. sein, daß gerade für die eher verhaltensauffälligen Kinder dies eine der wenigen Situationen ist, in denen der Blick ihrer Lehrerin freundlich auf ihnen ruht.

Es ist zunächst auch unerheblich, ob die Kinder z.B. nur Antworten geben, wie „gut“, „schön“, etc. Oft kommt es auch vor, daß sie ähnliche Antworten geben, wie Kinder aus ihrer Nachbarschaft. Die Erfahrung zeigt, wenn Kinder an Entspannungsübungen gewöhnt sind, daß dann auch ihr Feedback länger und detaillierter wird.

Keinesfalls sollte man das Feedback eines Kindes rügen oder kommentieren, wenn man es zu kurz findet. Von daher hat es seinen Sinn, wenn man sich von vornherein angewöhnt, sich für jedes Feedback freundlich zu bedanken.

In Fortbildungskursen wenden LehrerInnen oft ein, daß ein zu häufiges Lob für Kinder doch eigentlich nicht so günstig sei. Die Erfahrung mit Entspannungsübungen hat gezeigt, daß bis jetzt noch kein Kind die freundliche Bekräftigung der Lehrkraft als überflüssig oder lächerlich interpretiert hat.

Die Feedbackäußerungen der Kinder werden auf keinen Fall durch die Lehrkraft kommentiert oder gar korrigiert. Es sollen von daher auch keine „bohrenden“ Fragen gestellt werden. Allein dem Kind ist es überlassen, was und wieviel es sagt.

In der Praxis wird oft beklagt, daß Kinder gleiche oder ähnliche Feedbackäußerungen machen und dies wird gelegentlich zum Anlaß genommen, gar kein Feedback mehr abzurufen. Auch die Jüngsten sind durchaus in der Lage, differenzierte Äußerungen zu machen – sie benötigen aber eine längere Eingewöhnungszeit. So hat eine Vorklassenleiterin beobachtet, daß die Kinder anfangs nur die gehörte Geschichte erzählen, sie aber nach jeder Entspannung – als ein Ritual – schon malen können. Nach einiger Zeit waren die meisten Kinder in der Lage, bereits kleine Sätze als Feedback zu formulieren.

Auch der Zeitfaktor darf beim Feedback keine Rolle spielen. Je nach Alter der Kinder können ohne Schwierigkeiten 20-30 Minuten vergehen, bis sich jedes Kind geäußert hat. Lehrkräfte, die sowieso keine Zeit haben, sollten überlegen, ob sie persönlich schon mit Entspannungsübungen arbeiten können. Hier gilt der Satz:

Wenn Du es sehr eilig hast, mußt Du Dir viel Zeit lassen, dann wirst Du schnell ans Ziel kommen!

Für den Fall, daß man wirklich keine Zeit und keine Gelegenheit hat, ein Feedback abzurufen, bittet man die Kinder, ihren Vornamen an die Tafel zu schreiben, bevor sie in die Pause gehen, Dabei malt man vorher die folgenden drei Gesichter an die Tafel:

Jedes Kind beantwortet nun die Frage „Wie war's für Dich?“, indem es unter einem der Gesichter unterschreibt, je nachdem, wie ihm die Übung gefallen hat. Wichtig ist dabei, daß die Lehrkraft dann auch nicht mehr das Kind befragt, warum es unter welchem Gesicht unterschrieben hat oder daß sie ihre Verwunderung über die Wahl des Kindes ausdrückt.

Das Feedback:

Jedes Kind gibt ein kurzes Feedback.

Mindestens auf die Frage: „Wie war's für Dich?“

Jedes Kind antwortet.

Die Lehrkraft bedankt sich bei jedem Kind mit einem „Danke“.

Sie sieht das Kind dabei freundlich an.

4. Entspannungsverfahren für Kinder

4.1 Kleine Entspannungsübungen für jüngere Kinder

Bei jüngeren Kindern (1. u. 2. Schuljahr) ist es nicht so günstig, mit einer zeitlich längereren Entspannungsübung zu beginnen, da ein Teil der Kinder hierdurch überfordert sein könnte. Günstiger ist es, mit kleineren Übungen anzufangen.

Die Kinder sitzen wieder im Kreis oder an ihren Tischen. Die Sitzhaltung wird immer wieder eingeübt (vgl. 3.3 und 3.4). Die Augen werden geschlossen. Die Kinder erfahren, daß ihnen gleich ein kleines Rätsel erzählt wird.

„Ich werde Euch jetzt gleich ein kleines Rätsel erzählen. Und wenn das Rätsel zuende ist, gehe ich herum und Du flüsterst mir ganz leise die Lösung ins Ohr."

Dieses Verfahren hat den Vorteil, daß die Kinder auch nach der kurzen Entspannung ruhig sitzenbleiben und die Augen geschlossen halten, bis die Lehrkraft herumgegangen ist und jedes Kind ihr die Lösung zugeflüstert hat. Es wird vermieden, daß die Kinder die Lösungen in den Raum rufen.

So üben gerade die jüngeren Kinder auf spielerische Art und Weise ein, sich auf eine Entspannungsübung einzulassen, ruhig zu sitzen und die Augen geschlossen zu halten. Ganz abgesehen davon stellt das Herumgehen der Lehrkraft und Abrufen der Lösung auch eine starke Zuwendung für das einzelne Kind dar.

Rätsel 1

„Das, was Du raten kannst, steht jeden Morgen ganz früh auf. Es wandert dann immer höher und höher, und wird dabei wärmer und wärmer. Es ist rund und golden. Und wenn Du es Dir genau vorstellst, kannst Du auch die warmen Strahlen fühlen, die es aussendet. Am Abend sinkt es langsam tiefer und tiefer hinab, bis nichts mehr zu sehen ist. Wenn Du nun weißt, was es ist, behältst Du die Lösung für Dich und wartest, bis ich herumkomme und Du mir dann ganz leise die Lösung ins Ohr flüstern kannst."

Natürlich wissen alle Kinder, daß die Sonne gemeint ist. Bei diesen Rätseln kommt es gar nicht darauf an, daß sie besonders schwierig sind, da ja primär die Entspannung eingeübt werden soll.

Die Lehrerin geht jetzt herum und läßt sich von jedem Kind die Lösung sagen. Alle Lösungen sind richtig, – selbst wenn das Kind sagt, es sei der Mond oder eine Straßenlaterne.

Rätsel 2

„Das Rätsel, das ich Dir jetzt erzähle, handelt von einem Tier. Es mag sonnige Plätze besonders gern und ruht sich oft dort aus. Es hat einen Panzer, in den es sich bei Schwierigkeiten zurückziehen kann. Es ist ein ganz ruhiges und leises Tier. Es kann gut beobachten. Es sieht viel und findet sich gut zurecht. Es bewegt sich ganz langsam und bedächtig. Aber wenn es notwendig ist, kann es auch schnell sein. Wenn es Schwierigkeiten hat, kann es sich in seinen Panzer zurückziehen. Es kann dann die Beine und den Kopf einziehen. Welches Tier ist es? Ich gehe jetzt gleich herum und Du kannst mir Deine Antwort ins Ohr flüstern."

Jedem ist es überlassen, sich zusätzliche ganz andere Phantasierätsel auszudenken.

Auch bei diesen Phantasierätseln ist es wichtig, daß die Kinder nach der Übung ein kurzes Feedback geben. Beim Feedback wird jedes Kind gefragt „Wie war das Rätsel für Dich?", „Wie fühlst Du Dich jetzt?". Die LehrerIn bedankt sich für das Feedback, auch wenn es nur ein Wort ist (vgl. 3.6).

Der Zauberteppich

„Stell Dir vor Du sitzt (liegst) auf einem Zauberteppich. Es ist ein schöner Teppich. Er bringt Dich dorthin, wo Du sein möchtest. Du kannst bestimmen, wie schnell er fliegt und wo er landet. Wo bringt er Dich hin? Wo möchtest Du gern sein? Wie ist es dort?"

Am Meer

„Stell Dir vor, an einem schönen Sommertag läufst Du am Meer entlang. Es ist Sommer. Der Himmel ist blau. Die Sonne scheint. Es ist warm. Du spürst den Sand unter Deinen

Füßen. Er ist angenehm warm. Die Sonnenstrahlen fallen auf Dein Gesicht und Du spürst sie ganz genau. Sie sind warm, angenehm warm. Vom Meer weht ein leichter Wind. Du schmeckst die salzige Seeluft auf Deinen Lippen. Du hörst das Rauschen des Meeres. Du gehst barfuß am Strand entlang. Du spürst den feuchten Sand unter Deinen Füßen. Das Wasser spielt um Deine Füße und gibt Dir Kühlung. Du setzt Dich in den Sand. Das Meer ist jetzt wie ein silberner Spiegel. Die Sonne beginnt langsam zu sinken und unterzugehen. Du siehst, wie sich die Farben verändern. Und langsam sinkt sie tiefer hinab, bis sie hinter dem Horizont verschwindet. Und auch die Ruhe in Dir wird tiefer und tiefer. Du fängst an zu träumen ... Und allmählich kommst Du wieder zurück ins Hier und Jetzt – in diesen Raum."

Ähnlich kurze Entspannungstexte kann jeder selbst gestalten – bzw. er kann die Kinder dazu anzuregen, selbst einmal einen solchen Text zu schreiben. Vom Inhalt her ist es am einfachsten, sich an Dingen zu orientieren, die man in der Natur sieht: eine Schneeflocke, ein Eichhörnchen, eine Blume, eine Wolke etc.

Die Schneefee

Ein altes Buch erzählt, daß es eine sogenannte Schneefee gibt. Jedes Jahr zaubert sie Schnee auf die Erde. Aber es gibt auch einen Bösewicht, der mit der Kraft der Menschen, die keinen Schnee wollen, bewirken kann, daß es nicht jedes Jahr sehr viel schneit.

Dieses Jahr kann man es besonders gut sehen, was dieser Bösewicht von Zauberer bewirken kann. Wir Kinder sind sehr traurig. Deshalb haben wir einen Brief an die Schnee-Fee geschickt. Bis jetzt hat unser Brief an die Schneefee noch nichts bewirkt. Dann ist es, wie schon in manchen Jahren passiert, daß der Eispalast der Schneefee geschmolzen ist und sie erst wieder im nächsten Jahr ihre Kräfte gesammelt hat.

Doch heute haben wir Glück. Wir sehen aus dem Fenster und auf einmal fallen dicke, weiße Schneeflocken auf die Straße vor unserem Haus.

Und wenn ihr nun durch euer Fenster schaut und ganz genau hinschaut, dann seht ihr die Schneefee bei ihrem wunderbaren Zauber.

(geschrieben von Omar, Lutz, Michael und Sören – alle 10 Jahre)

4.2 Malen und Musik in der Entspannung

Das Malen spielt bei der Durchführung von Entspannungsverfahren in der Schulklasse eine ganz besondere Rolle. Besonders bei jüngeren Kindern sollte man keinesfalls darauf verzichten; in der Vorklasse und im 1. Schuljahr ist es günstig, wenn nach jeder Entspannungsübung – sozusagen als festes Ritual – gemalt wird. Es fällt auf, daß jüngere Kinder zunächst oft wenige Details malen – z.B. nur den Himmel. Haben sie dann schon Erfahrung mit Entspannungsübungen, beginnen sie differenzierter zu zeichnen. Kinder, die zunächst angeben, nichts malen zu können, dürfen natürlich auch nur erzählen.

Kinder lieben es, nach Musik zu malen. Dabei ist die Auswahl der Musik sehr wichtig. Es empfiehlt sich Musik mit 60 Taktschlägen einzusetzen, die – wenn sie in dieser Weise zusammengestellt ist – automatisch zu einer Beruhigung führt. 60 Taktschläge entsprechen einem verlangsamtem Herzrhythmus. Ungünstig ist gesungene Musik. Wir empfehlen die Musikkassette, die diesem Buch beiliegt. Aber auch andere Kompositionen sind denkbar.[3] Bei Jüngeren ist aufgefallen, daß sie – entgegen dem Erwachsenengeschmack – fremdländische, z.B. indische Musik nicht mögen. Sie tendieren zu Musik, die auf sie offensichtlich eher „harmonisierend" wirkt.

3) Musikvorschläge und Bezugsnachweise im Literaturverzeichnis.

Die Älteren hören auch gern „Pink Floyd“, „Santana“ oder „Mike Oldfield“. Die Auswahl der Musik muß letztlich jeder nach eigenem Gutdünken und Geschmack selbst treffen. In der Fachliteratur finden sich in bezug auf den Einsatz von Musik bei Entspannungsverfahren ganz unterschiedliche Auffassungen.

In der Schulklasse wirkt sich die Musik nicht nur günstig auf die Kinder aus, sondern sie führt auch zu einer gewissen Beruhigung der Lehrkraft. LehrerInnen sind in der Regel „Schnellsprecher“. Sie sind es gewohnt, viel und schnell zu sprechen – manchmal wie ein „Maschinengewehr“. Die Musik bewirkt nun, daß auch die LehrerInnen sich automatisch auf das Tempo einstellen und an der „Musik entlang sprechen“, ohne daß sie aufgefordert werden müssen, „langsam“ zu sprechen. Diese oft gemachte Beobachtung hat dazu geführt, daß die hier vorgeschlagenen Entspannungsverfahren alle an Musik gekoppelt sind.

Die LehrerInnen der Anfangsklassen berichten immer wieder, daß sich der Einsatz von Musik besonders positiv auf die Kinder auswirkt.

4.2.1 Hinführung zum Malen nach Musik für jüngere Kinder

Bei den Jüngeren erfolgt das Malen nach Musik zunächst sehr großflächig.

Der Tisch wird mit weißem Papier abgedeckt.

Die Kinder suchen sich jeweils zwei Wachsmalkreiden – zwei Farben – aus: eine für die linke Hand, eine für die rechte Hand.

Die Musik wird angestellt (sie kann unterschiedliche Tempi haben).

Die rechte Hand bewegt sich nach der Musik großflächig mit der Wachsmalkreide über das Papier. Was macht die linke Hand? Läuft sie mit der rechten Hand?

Die linke Hand bewegt sich gegensätzlich zur rechten.

Die rechte Hand langsam, die linke schnell.

Die rechte Hand malt linksherum, die linke Hand rechtsherum.

Die rechte Hand malt Kreis, die linke eckige Formen usw.

Der Phantasie des Lesers ist es überlassen, weitere eigene Übungen zu kreieren.

Diese Übungen haben einen eher „befreienden" Charakter. Das Kind gewinnt zunächst einmal Mut, auf das Papier „draufzugehen". Die Lust am Schreiben wird sicher u.a. auch geweckt. Dabei ist es hier unwichtig, ob die korrekte Schreibhaltung eingenommen wird.

Der Tisch wird mit Papier ausgelegt. Jedes Kind sucht sich zwei Wachsmalkreiden aus. Die Kinder sitzen sich gegenüber. Das Malen erfolgt bei Musik.

Ein Kind legt seine Hände auf die des anderen Kindes. Dieses malt nun nach den Bewegungen des anderen zur Musik – mit einer Hand, mit zwei Händen. Wie geführt wird – oben oder unten – ist gleichgültig. Wieder wird großflächig gemalt. Nach einiger Zeit wird gewechselt.

(Variante: Der Führende kann auch ein kleines Bild, einen Buchstaben oder ein Wort malen, das der andere erraten darf.)

Bei diesem Experiment wurde immer wieder beobachtet, daß insbesondere unruhige oder aggressive Kinder andere beim Malen mit großer Fürsorge führen.

4.2.2 Entspannung durch Malen und Musik

Im Folgenden werden einige Phantasiereisen als Einstiegsübungen beschrieben, bei denen die Kombination von Malen und Musik besonders wichtig ist.

Voraussetzung ist, daß die Kinder gelernt haben, die Augen zu schließen und die gewünschte Sitzhaltung einzunehmen. Papier und Wachsmalkreiden sollten bereitliegen und nicht erst nach der Übung verteilt werden.

Der Text der Entspannungsübung wird durch die Lehrkraft vorgegeben. Es wird eine kurze Hinführung gemacht: entweder durch einige dynamische Übungen (vgl. 3.1) oder nur durch eine Ruhetönung.

Ruhetönung: Du setzt Dich ruhig hin. Du nimmst die Sitzhaltung ein, bei der Du gut entspannen kannst. Du atmest ruhig ein und aus. Du beginnst allmählich ruhiger zu werden. Du kannst jetzt die Augen schließen und mir zuhören.

Die Kinder haben dabei die Augen geschlossen. Dann wird der Text der Phantasie vorgelesen. Danach kann jedes Kind das Bild, das es gesehen hat, malen. Es hat sich als günstig erwiesen, die Kinder zu Musik malen zu lassen.

Die Kinder versuchen sich das vorzustellen (ein Bild zu finden), was ihnen vorgelesen wird. Das Vorlesen erfolgt ohne Musik, das Malen jedoch mit Musik.

Die Rosenbusch – Phantasie

„Schließe bitte die Augen und stelle Dir vor, Du wärest ein Rosenbusch.

Was für ein Rosenbusch bist Du? Bist Du sehr klein, bist Du groß, bist Du dick, bist Du dünn?

Trägst Du Blüten? Wie sehen die Blüten aus? Welche Farben haben Deine Blüten?

Trägst Du viele oder nur wenige oder gar keine Blüten? Stehst Du in voller Blüte oder hast Du nur Knospen? Hast Du Blätter? Wie sehen sie aus?

Wie ist Dein Stamm, wie sind Deine Äste? Hast Du Wurzeln? Vielleicht keine? Sind sie lang, gerade oder gekrümmt? Reichen sie tief hinab?

Hast Du Dornen?

Wo befindest Du Dich? In einem Garten? In einem Park? In der Wüste? In der Stadt? Auf dem Land? Mitten im Meer? Wächst Du in einem Topf? Im Boden oder durch Zement? Oder vielleicht irgendwo in einem Haus?

Was ist um Dich herum? Gibt es andere Blumen oder bist Du allein? Gibt es auch Bäume? Tiere? Menschen? Vögel?

Siehst Du wie ein Rosenbusch oder wie etwas anderes aus?

Kümmert sich jemand um Dich?

Wie ist das Wetter?

Wie fühlst Du Dich als Rosenbusch?

Mache Dir keine Sorgen wegen des Zeichnens, Du kannst mir ja Dein Bild erklären.!“

Danach beschreibt jedes Kind seinen Rosenbusch in der Ich-Form („Ich als Rosenbusch habe viele Blätter. Ich stehe .....“).

Die Lehrkraft protokolliert alle Aussagen genau mit und fragt u.U. nach.

Wenn alle Kinder berichtet haben, gibt sie als Feedback alle Schüleräußerungen zurück („Thomas, Du als Rosenbusch hast gesagt: Ich stehe auf einer Insel und habe lange Blätter usw. ...“) Die Lehrkraft bedankt sich bei jedem Kind für das Berichtete.

Es können sich folgende Fragen anschließen:

Wie hat Dir das Experiment gefallen? Wie fühlst Du Dich jetzt? Gab es Rosenbüsche, die Dir besonders aufgefallen sind? Hast Du etwas über Dich erfahren?

Die Kinder arbeiten mit der Metapher des „Rosenbusches“ und setzen sich auf der Gefühlsebene mit der eigenen Persönlichkeit auseinander.

Dieses Experiment ist auch für die LehrerInnen außerordentlich aufschlußreich. Sie erfahren viel über einzelne Kinder, von denen sie u.U. schon ein ganz anderes Bild hatten, weil sie vielleicht so unruhig, so unkonzentriert usw. sind.

Besonders schön ist es, wenn die Rosenbusch-Phantasie zu Beginn des 1. Schuljahres und am Ende des 4. Schuljahres, dann also, wenn man die Klasse wieder abgibt, durchgeführt wird. Die Rosenbüsche werden dann hoffentlich nicht verkümmert sein.

Auch Kinder, die noch keinen Rosenbusch zeichnen können, lassen sich gern auf dieses Experiment ein. So haben Vorklassenkinder große rote Kreise mit grünen Fäden gezeichnet – eben „ihren“ Rosenbusch.

Nils, ein überaktiver sechsjähriger Junge, malt seinen Rosenbusch ganz in grün. Er gibt folgendes Feedback:

„Ich als Rosenbusch bin ganz stachelig und ich fühle mich auch stachelig. Ich habe 2000 Stacheln. Ich habe keine einzige Blüte.“

Die Baum-Phantasie

Die Baum Phantasie kann im Prinzip genauso durchgeführt werden wie die Rosenbusch – Phantasie:

„Schließe bitte die Augen und stelle Dir vor, Du wärest ein Baum. Was für ein Baum bist Du? Bist Du sehr klein, bist Du groß, bist Du dick, bist Du dünn? .... (vgl. S. 62)

In der Phantasie ist es günstig, den Baum – ähnlich wie bei der Rosenbusch-Phantasie – von den Wurzeln bis zur Krone zu beschreiben.

Auch bei dieser Übung beschreibt jedes Kind seinen Baum in der Ich-Form. („Ich als Baum ...“).

Wieder protokolliert die Lehrkraft alle Aussagen genau mit und fragt u.U. nach.

Wenn alle Kinder berichtet haben, gibt sie als Feedback alle Schüleräußerungen zurück. („Melanie, Du als Baum hast gesagt: Ich stehe in einem Garten. Ich habe viele Wurzeln und einen dicken Stamm ...“) Die Lehrkraft bedankt sich bei jedem Kind für das Berichtete. Die Auswertungsfragen zu diesem Experiment entsprechen denen aus der Rosenbusch – Phantasie (vgl. S. 63)

Boot im Sturm

„Du setzt Dich ruhig hin, schließt die Augen, atmest tief ein- und aus. Langsam merkst Du, daß Du ruhiger wirst.

Die Augen fallen langsam zu.

Stell Dir vor, Du bist ein Boot im Sturm. Um Dich herum wütet ein furchtbarer Sturm. Der Regen peitscht über Dich hinweg. Der Wind rüttelt an Dir. Hohe Wellen schlagen über Dir zusammen. (*Hier kann ein Unwetter auf See detailliert beschrieben werden.*) Aber Du als Boot hältst dem Unwetter stand. Und sind die Wellen auch noch so hoch, der Wind so stark wie ein Orkan – Du als Boot gehst nicht unter. Du trotzt dem Sturm. Es kostet Dich viel Kraft, aber Du bist so stark, daß Wind und Wellen Dir nichts anhaben können. Du stampfst durch die hohen Wellen mit der Gewißheit, daß Dir selbst ein solches Unwetter nichts anhaben kann.

Und wenn Du Dir jetzt dieses Bild vorstellen kannst, darfst Du die Augen öffen und beginnen zu malen."

Nach dem Malen kann jedes Kind sein Bild erläutern. Auch hier empfiehlt es sich die „Ich"-Form zu wählen („Ich als Boot ....").

Wieder protokolliert die Lehrkraft die Aussagen jedes Kindes und gibt sie wörtlich als Feedback an die einzelnen Kinder zurück (vgl. „Rosenbuschphantasie" S. 63).

In dieser Übung werden Selbstvertrauen und Selbstakzeptanz der Kinder auf eine wirkungsvolle Art und Weise verstärkt. Es gibt kaum Kinder, denen dieses Experiment nicht gut tut.

Die Sonne

Die Kinder sitzen an ihren Tischen. Wieder liegt weißes Papier bereits vor ihnen. Jedes Kind hat eine gelbe Wachsmalkreide. Außerdem benötigen sie kleine weiße Kärtchen, auf die sie schreiben können. Die Kinder schließen kurz die Augen und erhalten folgende Instruktion:

„Wir malen jetzt gleich einen schönen großen gelben Kreis. Du malst den Kreis so, daß Du das Gefühl hast, es ist ein großer Kreis und es ist ein Kreis, der Dir sehr gut gefällt.

Die Kinder malen jetzt den gelben Kreis. Wenn alle Kinder fertig sind:

„Sieh Dir nun diesen gelben Kreis ganz lange und in Ruhe an. Wenn Du denkst, Du hast ihn Dir lange genug angesehen, schließt Du bitte die Augen."

„Ich werde Dir jetzt gleich einige Wörter nennen, die gut zu diesem Kreis passen."

Aufgezählt werden Adjektive, die mit der Sonne in Verbindung gebracht werden – z.B. „warm, leuchtend, goldgelb, rund, glitzernd, usw." –

Jetzt kannst Du gleich wieder die Augen öffnen und Du schreibst auf die weißen Kärtchen, die ich auf Deinen Platz gelegt habe, Deine Gedanken zu dem Thema „Sonne".

Jedes Kind liest das von ihm Geschriebene vor. Es schließt sich ein Feedback an. Die aufgeschriebenen Gedanken werden von der Lehrkraft verfielfältigt und allen Kindern später zur Verfügung gestellt. Es ist günstig, wenn die Übung an einem Sommertag durchgeführt wird.

Texte, die Kinder aus dem 3. Schuljahr zu dieser Übung geschrieben haben:

„Sie ist warm, gelb, schön, wenn sie viel auf die Haut scheint, dann bekommt man einen Sonnenbrand. Die Sonne hat ganz warme Strahlen."

„Die Sonne ist gelb. Die Sonne ist schön. Mir wird ganz warm."

„Die Sonne ist warm und schön. Sie tut Blumen wachsen lassen. Sie kann uns zum Lachen bringen, wenn sie scheint. Sie kann strahlen. Sie kann das Gras erwärmen. Die Sonne kann das graue Wolkenmeer teilen. Mit der Sonne im Leben ist es ganz schön. Die Sonne ist schön. Ich liege im Gras und sonne mich."

„Die Sonne ist warm. Sie ist fast schöner als der Schnee. Im Sommer, wenn die Sonne scheint, gehe ich ins Schwimmbad. Von der Sonne werde ich braun. Die Sonne kann strahlend scheinen und ist sehr schön."

„Wenn die Sonne scheint, dann blühen die Blumen auf. Dann fahren wir in den Urlaub, dann kriegt man Sommersprossen."

4.2.3 Entspannung durch das Vorstellen und Verändern von Bildern

Bei diesen Übungen wird in der Regel ohne Musik gearbeitet, da die Kinder Zeit brauchen, um unterschiedliche Bilder vorzustellen, bzw. diese zu verändern.

Als Einführung bietet es sich an, mit der Klangschale zu arbeiten. Die Lehrkraft schlägt einen Ton an. Die Kinder hören mit geschlossenen Augen auf die Schwingungen des Tones, bis er verschwunden ist und berichten dann, welches Bild sie gesehen haben.

Es ist aber auch möglich, einen Begriff vorzugeben, zu dem eine Aussage formuliert werden kann.

Die Kinder schließen die Augen. Die Lehrerin nennt den Begriff (z.B.: Herbst, Schnee, Schmetterling, Stille etc.), schlägt die Klangschale und nach Verklingen des Tones berichten die Kinder.

So schreibt Manuel (9 Jahre):

„Stille ist für mich wie eine schöne, einsame Insel mitten im Meer.“

Es können aber auch kleine Texte vorgegeben werden, die unterschiedliche, immer wieder wechselnde Phantasien ermöglichen.[4]

Hier ist es besonders wichtig, daß die Kinder genügend Zeit erhalten, um Bilder in ihrer Phantasie zu entwickeln.

---

4) Die Idee für die folgenden Übungen stammt aus dem Buch von De Mille: „Setz die Mutter auf den Tiger“. Hamburg 1978.

Dein Klassenzimmer

„Stell Dir vor, Du kommst in Dein Klassenzimmer. Alle Plätze sind belegt. Aber es sitzen keine Schüler an den Tischen. An jedem Schülertisch sitzen zwei Lehrer. Dein Blick wandert von Tisch zu Tisch. Alle Lehrer Deiner Schule sind in Deiner Klasse versammelt. Sogar der Rektor ist da. Er sitzt ganz hinten in einer Ecke. Du sagst „Guten Morgen!". Alle antworten. Du gehst zum Lehrertisch, denn heute unterrichtest Du. Was für ein Fach steht für die Lehrer auf dem Stundenplan? usw. ...... Nach einiger Zeit öffnest Du das Fenster. Und alle Lehrer fliegen hinaus. Die Klasse ist jetzt ganz leer. Du sitzt am Pult und wartest geduldig ab, was passieren wird. Wer wird zurückkommen durch das Fenster und wer nicht? Wer bleibt endgültig draußen? ...usw."

Deine Maus

„Stell Dir vor, Du guckst in diesem Zimmer in die rechte Ecke. Dort sitzt eine kleine Maus. Nein, keine graue Maus. Es ist eine grüne Maus. Und während Du sie betrachtest, wird sie ganz lila. Dein Blick wandert hoch an die Decke und dort sitzt in der rechten Ecke ebenfalls eine Maus. Sie ist ebenfalls lila und winkt Dir zu. In der linken Ecke des Raumes sitzt eine blaue Maus. Als Du sie ansiehst, winkt sie Dir ebenfalls zu und ruft „Hallo". Und an der Decke über ihr hängen zwei Mäuse, ganz bunt gestreift. Hinter Dir in der Ecke sitzt – Du kannst es kaum glauben – ein Elefant, natürlich nur so groß wie eine Maus. Du kannst ihn aber auch größer werden lassen. So groß wie eine Katze oder sogar so groß wie einen Elefanten...... (Die Phantasie kann beliebig lang fortgeführt werden. Vielleicht bleibt am Schluß wieder eine Maus übrig.)

Eine Maus bleibt übrig. Und das ist Deine Maus. Wie sieht sie aus? Was möchte sie sagen? Wenn Du jetzt gleich die Augen aufmachst, kannst Du Deine Maus zeichnen!“

Die große Mehrzahl der Kinder zeichnet mit Begeisterung eine bunte Maus. Während der Wiedervereinigung wurden sogar schwarz-rot-goldene Mäuse gezeichnet ...!

Ähnliche Phantasien sind zu den unterschiedlichsten Themen möglich.

4.3 Strukturierte Entspannungsverfahren

Haben die Kinder nun mehrere Vorübungen und kleinere Entspannungsverfahren kennengelernt, kann jetzt im Unterricht mit einer strukturierten Entspannung gearbeitet werden.

Hier sollen drei unterschiedliche Verfahren dargestellt werden.

Alle Verfahren haben den gleichen Aufbau:

1. ein Einstiegsritual,

2. eine Entspannungsgeschichte,

3. ein Ausstiegsritual.

Einstiegs- und Ausstiegsritual bleiben in der Wortwahl gleich.

Hier wird nichts verändert. Die Geschichten im Mittelteil sind auswechselbar.

In das Einstiegsritual und in den Mittelteil werden Instruktionen aus der Grundstufe des Autogenen Trainings eingebettet: Ruhe-, Schwere- und Wärmeinstruktionen für Arme und Beine. Dazu kommt das Farbensehen.

Diese Instruktionen werden so integriert, daß sie sich dem Handlungsablauf anpassen – das heißt, Wärme wird dann suggeriert, wenn es zu der erzählten Geschichte paßt: z.B. ein Goldschatz wird gefunden und die Strahlen des glänzenden Goldes spielen in der Geschichte eine Rolle, dann bietet es sich an, die Wärmeinstruktion zu suggerieren.

Die Erfahrung hat gezeigt, daß es nicht günstig ist, die entsprechenden Instruktionen aus dem Autogenen Training ohne Einbettung in eine Geschichte zu verwenden, da Kinder dies als ausgesprochen langweilig empfinden. Die Phantasie wird hierbei auch nicht übermäßig stark angeregt.

Auch die hier vorgeschlagenen strukturierten Entspannungsverfahren sind an Musik gekoppelt. Empfohlen wird die zu dem Buch gehörende Musikkassette. Die Zeitdauer der Entspannungsübung beträgt etwa 15 Minuten. Für das Einstiegsritual werden etwa 2-3 Minuten verwendet, es folgt dann der Mittelteil mit der eigentlichen Geschichte mit etwa 10-12 Minuten, das Ausstiegsritual dauert in der Regel ebenfalls zwischen 2 und 3 Minuten.

In der Schulklasse hat sich gezeigt, daß die Anbindung an Musik sowohl von den Kindern als auch von den LehrerInnen als Hilfe akzeptiert wird. Die LehrerInnen sprechen dann nicht zu schnell. Sie sprechen sozusagen an der Musik „entlang“.

Nach der Entspannung geben die Kinder ein Feedback (vgl. 3.6). Das Feedback ist ein „Muß“.

Strukturierte Entspannung:

Einstiegsritual (bleibt gleich im Text)

Mittelteil

Ausstiegsritual (bleibt gleich im Text)

Instruktionen aus der Grundstufe des Autogenen Trainings werden eingebettet.

Entspannung erfolgt mit Musik.

Feedback nicht vergessen !!

4.3.1 Eine Reise mit dem Zauberteppich

1. Das Einstiegsritual

Der Text für das Einstiegsritual wird zu Beginn einer jeden Phantasiereise gleichbleibend dargeboten.

Sie erfolgt mit einer entspannenden Musik von 60 Taktschlägen als Untermalung. Das Einstiegsritual dauert etwas 2 ½ Minuten, die eigentliche Phantasiereise 10 Minuten.

Bei der Reise mit dem Zauberteppich wird im Einstiegsritual von 1 bis 10 und im Ausstiegsritual von 10 bis 1 gezählt, um die Entspannung zu vertiefen, bzw. um zurückzukehren ins Hier und Jetzt. Dieses Zählen kann auch anders durchgeführt werden, so kann man auf die Zahlen völlig verzichten und nur die entsprechenden Anweisungen geben. Es ist aber auch möglich, die Zahlen miteinander zu verbinden, z.B. „1 und 2: Du kannst Dich ganz gut entspannen."

„Stelle Dir vor, Du unternimmst auf Deinem Zauberteppich eine Traumreise. Du hast Dich schon ganz ruhig hingesetzt (hingelegt) und atmest ruhig ein und aus. Nichts stört Dich mehr. Du hast es Dir ganz bequem gemacht. Du vergißt alles, was um Dich herum geschieht.

Du hast die Augen geschlossen und entspannst Dich. Ich zähle jetzt gleich bis 10 und dabei kannst Du Dich immer gelöster und entspannter fühlen. Immer sicherer und immer ruhiger.

Du hast die Augen geschlossen und entspannst Dich

Eins: Du kannst Dich jetzt entspannen.

Zwei: Du vergißt alles, was um Dich herum geschieht.

Drei: Du atmest ruhig und gleichmäßig.

Vier: Du fühlst Dich ganz sicher und ganz ruhig.

Fünf: Du bist immer gelöster und entspannter.

Sechs: Du merkst: Meine Arme sind ganz ruhig.

Sieben: Auch bei Deinen Beinen stellst Du fest: Meine Beine sind ganz ruhig.

Acht: Du kannst jetzt einfach abschalten.

Neun: Du fühlst Dich ganz sicher und ganz ruhig.

Zehn: Du bist jetzt bereit für eine Traumreise auf Deinem Zauberteppich.

Du stellst Dir vor, daß Du mit Deinem Zauberteppich eine Traumreise in ein fernes Land (Ziel ist beliebig austauschbar) machst.

2. Die eigentliche Phantasiereise

Jetzt folgt die eigentliche Phantasiereise. Und so wie in das Einstiegsritual die Ruheinstruktion aus der Grundstufe des autogenen Trainings eingebettet ist, wird die Schwereinstruktion und später dann auch die Wärmeinstruktion aus dem Autogenen Training in die Geschichte integriert.

Die Geschichte sollte einen Spannungsbogen haben, aber keinesfalls Elemente aus Grusel- und Horrorerzählungen.

Auch die Kinder selbst werden mit in die Entspannungsgeschichte einbezogen. So kann man z.B. namentlich sagen, wer mit seinem Zauberteppich zuerst startet, wer folgt etc. und wer als letzter fliegt.

„Du liegst oder sitzt auf Deinem Zauberteppich und schwebst durch die Wolken. Du fühlst Dich ganz ruhig und sicher. Du hast die Augen geschlossen und stellst Dir vor, Du machst eine weite Reise. Sie führt Dich in viele fremde Länder voller Abenteuer. Das Land, in das Du heute fliegen wirst, heißt Indonesien. Es ist ein geheimnisvolles Land, vieles ist ganz anders als bei Dir zuhause. Und während Du durch die Luft gleitest, merkst Du, daß Dein Körper auf dem Zauberteppich auf eine besondere Art angenehm schwer und entspannt ist. Du merkst es zuerst bei Deinen Armen. Du merkst:

Mein rechter Arm ist ganz schwer.
Mein rechter Arm ist ganz schwer.

Auch bei Deinem linken Arm stellst Du fest:

Mein linker Arm ist ganz schwer.
Mein linker Arm ist ganz schwer.

Du schwebst ganz ruhig und sicher durch die Luft und denkst:

Meine Arme sind ganz schwer.

Die Leute in Indonesien sind freundlich zu Dir, sie lächeln Dich an. Die Kinder winken Dir zu. Du willst einen Tempel für den Gott Buddha, an den viele Menschen in Indonesien glauben, besuchen. Der Tempel soll mitten im Dschungel liegen. Du bist jetzt gelandet, rollst Deinen Zauberteppich ein. Ein freundlicher Junge hat Dir ein Fahrrad geliehen und begleitet Dich zum Tempel. Der Dschungel ist noch nicht richtig erwacht. Es ist noch angenehm kühl. Morgennebel hängt noch zwischen den Bäumen. Du kommst Dir vor, als würdest Du durch eine Traumwelt fahren. Alles ist friedlich und still. Nur hier und da hörst Du einen wundersamen Vogel rufen. Du bist erstaunt, wie grün der Dschungel ist. Du siehst vor Dir auf dem Weg einen kleinen Affen sitzen. Als Du näherkommst, klettert er schnell in den nächsten Baum. Er beobachtet Euch von oben. Vielleicht hat er noch nie ein Fahrrad gesehen. Vor Dir lichtet sich der Dschungel und vor Dir taucht der Tempel des Buddha auf. Er ist von der Sonne angestrahlt. Er wirkt ganz majestätisch. Während Du näherkommst, empfindest Du auch die Wärme der Sonnenstrahlen. Du merkst sie zuerst an Deinen Armen. Du merkst:

Mein rechter Arm ist ganz warm.
Mein rechter Arm ist ganz warm.

Auch bei Deinem linken Arm stellst Du fest:

Mein linker Arm ist ganz warm.
Mein linker Arm ist ganz warm.
Beide Arme sind ganz warm.

Du kommst jetzt immer näher an den Tempel. Er besteht aus vier Stockwerken. Außen führt eine Treppe hoch. In jedem Stockwerk gibt es einen Rundgang. Im zweiten Stockwerk entdeckst Du in einer Nische eine alte Tafel auf der eingeritzt steht: „Kehre zur Nacht wieder und Du wirst das Geheimnis des Tempels erfahren!“

Die Botschaft macht Dich neugierig und Du beschließt zunächst mit Deinem Zauberteppich zurückzukehren, aber bei Deinem nächsten Abenteuer wieder in die verfallene Stadt zu fliegen.

3. Rücknahme

Du schwebst auf Deinem Zauberteppich zurück ins Hier und Jetzt und Du denkst dabei:

Ich bin ganz ruhig und meine Arme sind ganz schwer und ganz warm.

Es ist schön, so durch die Luft zu schweben und wenn ich jetzt gleich von 10 bis Null zähle, kehrst du allmählich zurück ins Hier und Jetzt. Wenn Du wach geworden bist, fühlst

Du Dich ruhig, zuversichtlich, ausgeglichen, stark, selbstbewußt und zufrieden.

Zehn:	Du kannst zurückkehren ins Hier und Jetzt.
Neun:	Du fühlst Dich gelassen, ruhig und zufrieden.
Acht:	Du wirst allmählich wieder wach.
Sieben:	Du genießt Deine Ruhe, Schwere und Wärme.
Sechs:	Erstaunlich, wie ruhig Du Dich fühlen kannst.
Fünf:	Es ist schön zu wissen, daß Du entspannt sein kannst.
Vier:	Es macht Spaß seine Phantasie zu entfalten.
Drei:	Du kannst jetzt Deine Hände bewegen, Du streckst die Arme.
Zwei:	Du atmest tief ein und aus.
Eins:	Du öffnest die Augen.
Null:	Du bist jetzt zurückgekehrt ins Hier und Jetzt.

Es kann unter Umständen notwendig sein, die Anweisung, die Arme zu strecken, tief ein- und auszuatmen und die Augen zu öffnen, mehrmals zu wiederholen.

4. Weitere Instruktionen

Zusätzlich zu der Schwereinstruktion mit den Armen schließt sich bei der zweiten oder dritten Traumreise die Schwereübung mit den Beinen an. Sie erfolgt analog zu der mit den Armen und ist ebenfalls in die Traumreise eingebettet:

„Mein rechtes Bein ist ganz schwer.
Mein rechtes Bein ist ganz schwer."

Die *Wärmeinstruktion* erfolgt dann, wenn beide Schwereinstruktionen durchlaufen sind. Sie beginnt mit der Wärmeübung für die Arme.

**„Mein rechter Arm ist ganz warm.
Mein rechter Arm ist ganz warm.“**

Wieder wird die Instruktion in die Geschichte integriert.

Die Wärmeübung für die Beine erfolgt analog.

In der Regel benötigt man 4-6 „Traumreisen“, um die *Schwere- und Wärmeinstruktionen* für Arme und Beine einzuführen, wobei diese Vorschläge keinesfalls zu schematisch befolgt werden sollten, da viele Kinder die Schwere- und Wärmeempfindungen generalisieren – das heißt, wenn sie Wärme in den Armen empfinden, spüren sie diese auch in den Beinen.

Andere Instruktionen aus dem Autogenen Training sollen auf keinen Fall übernommen werden.

Wenn die Kinder die *Schwere- und Wärmeinstruktion* kennen und beherrschen, können Verhaltensinstruktionen, die auf bestimmte Probleme der Kinder abgestimmt sind, in die Geschichte integriert werden – z. B. „Konzentriert geht's wie geschmiert!“

5. Erlebnisse für die Phantasiereisen

Hier sind der Phantasie keine Grenzen gesetzt. LehrerInnen berichten immer wieder, daß sie sich anfangs alle Geschichten aufgeschrieben haben. Dies ist sicher sehr sinnvoll, da hierdurch die Instruktionen „sauber“ eingebaut werden. Außerdem freut man sich später über die schöne Sammlung eigener Entspannungsgeschichten – von allen immer noch die besten.

Vielleicht denken sich die Kinder auch selbst eine Phantasiereise aus?

Mit dem Zauberteppich unterwegs ...

4.3.2 Die „Kapitän-Nemo-Geschichten"

Auch die Kapitän-Nemo-Geschichten haben einen ähnlichen Aufbau. Sie haben ein Einstiegsritual, einen Mittelteil und ein Ausstiegsritual. Auch hier wird in den Mittelteil die eigentliche Geschichte „unter Wasser" eingebettet. Die Idee der Kapitän-Nemo-Geschichten ist dem Training für aggressive Kinder von Petermann u. Petermann entnommen.[5] Die Figuren stammen von Yu-

5) F. PETERMANN, U. PETERMANN: Training mit aggressiven Kindern. München-Weinheim 1988.

les Verne und zwar aus seinem Buch „20.000 Meilen unter dem Meer". So ist die Hauptfigur der Kapitän „Nemo". Dieser Kapitän Nemo unternimmt mit dem Unterwasserboot „Nautilus" Abenteuer unter Wasser, zu denen er die gesamte Klasse mitnimmt. In unseren Trainings haben die Kinder aus der „Nautilus" schon bald eine „Nautilust" gemacht.

Auch hier werden wieder Instruktionen aus der Grundstufe des autogenen Trainings in die jeweilige Entspannungsgeschichte eingebettet.

Die „Kapitän Nemo" Geschichten erfreuen sich bei den Kindern großer Beliebtheit, zumal sie das Element Wasser lieben. Bedenken gegen das Tauchen unter Wasser äußern gelegentlich die LehrerInnen.

Im Unterschied zu der Reise mit dem Zauberteppich schwimmt Kapitän Nemo in der Regel voraus. Er gibt an, was in der jeweiligen Situation zu tun ist. Dies vermittelt einer ganzen Reihe von Kindern ein Gefühl von Sicherheit.

Aber auch die Abenteuer des Kapitän Nemo müssen nicht unter Wasser spielen. Es wäre genauso vorstellbar, daß sie im Weltall oder auf der Erde passieren. Auch dies finden die Kinder nicht unlogisch, da es sich ja um eine „Phantasiereise" handelt.

Die Kapitän Nemo Geschichte

1. Das Einstiegsritual

Der folgende Text wird zur Vorbereitung des Unterwasserausfluges immer zu Beginn einer jeden Geschichte erzählt – und zwar in gleichbleibender Weise.

Von der Untermalung her eignet sich die Musik von „Karunesh: Sounds of My Heart" besonders gut (siehe Literaturverzeichnis).

Empfohlen werden die Titel „Sounds of the Heart II“ (für das Einstiegsritual) und „Inner Flame“ (für den Mittelteil und das Ausstiegsritual).

„Stelle Dir vor, Kapitän Nemo lädt Dich zu einem Unterwasserausflug mit seinem Unterwasserboot Nautilust ein. Ihr werdet gemeinsam viele wunderschöne Dinge unter Wasser sehen.

Du stellst Dir vor, daß Du einen Taucheranzug anziehst, damit Dich Kapitän Nemo auf seine Unterwasserausflüge mitnehmen kann.

Dieser spezielle Taucheranzug hat eine besondere Wirkung auf Dich: Du kannst Dich unter Wasser ganz sicher fühlen.

Schon beim Anziehen merkst Du, daß Du vollkommen ruhig wirst.

Du steigst mit dem rechten Bein in den Taucheranzug und denkst:

Mein rechtes Bein ist ganz ruhig.

Jetzt schlüpfst Du mit dem linken Bein in den Taucheranzug und Du stellst fest:

Auch mein linkes Bein wird ganz ruhig.

Du denkst:

Meine beiden Beine sind schon vollkommen ruhig.

Du ziehst jetzt den Taucheranzug über den Po den Rücken hoch und schlüpfst mit dem rechten Arm in den Taucheranzug und merkst:

Mein rechter Arm ist ganz ruhig.

Dann ziehst Du den linken Arm an und er wird auch vollkommen ruhig. Du denkst:

Meine beiden Arme sind vollkommen ruhig.

Du machst jetzt den Reißverschluß vorne zu und ziehst noch die Kapuze auf. Der Taucheranzug hüllt Dich jetzt völlig ein.

Du bist geschützt. Du fühlst Dich sicher und vollkommen ruhig.

Du legst jetzt das Sauerstoffgerät an, ziehst die Taucherbrille auf und schlüpfst in die Schwimmflossen. Du bist jetzt bereit für einen Unterwasserausflug mit Kapitän Nemo."

2. Die eigentliche Geschichte

Jetzt folgt die eigentliche Geschichte. Und so wie in das Einstiegsritual die Ruheinstruktion eingebettet ist, wird jetzt die Schwereinstruktion und später dann auch die Wärmeinstruktion aus dem Autogenen Training in die Geschichte integriert.

„Kapitän Nemo öffnet die Ausstiegsluke der Nautilust und nacheinander gleiten Kapitän Nemo und Du in das Wasser. Du schwimmst über den weichen, weißen Sand des Meeresbodens. Kapitän Nemo möchte heute mit Dir einen Ausflug in die versunkene Stadt Atlantis unternehmen. Du schwimmst ruhig und sicher hinter Kapitän Nemo her. Einige Fische begleiten Dich. Sie sind ganz zahm und zutraulich. Auch Dein Körper ist vollkommen ruhig und sicher.

Dein Körper ist im Wasser auf eine besondere Art angenehm schwer. Du merkst es zuerst bei Deinen Armen. Du merkst:

Mein rechter Arm ist ganz schwer
Mein rechter Arm ist ganz schwer

Auch bei Deinem linken Arm stellst Du fest:

Mein linker Arm ist ganz schwer.
Mein linker Arm ist ganz schwer.

Du schwimmst ruhig und sicher hinter Kapitän Nemo her und denkst:

Meine Arme sind ganz schwer.

Nach einiger Zeit kannst Du vor Dir die versunkene Stadt Atlantis erkennen. Du siehst schon die Stadtmauer und kannst schon die Häuser erkennen. Ihr schwimmt immer näher heran und gleitet durch ein Stadttor in die Stadt hinein. Es ist schön, so ruhig, sicher und schwer durch die Gassen der Stadt Atlantis zu schwimmen. Die Häuser sind schon ganz verfallen. Grünes Moos wuchert an ihnen.

Du schwimmst immer weiter, bis Du auf einen großen Platz kommst.

Mitten auf dem Platz kannst Du einen Brunnen erkennen. Zusammen mit Kapitän Nemo schwimmst Du auf den Brunnen zu. Du hältst am Brunnenrand ein und beugst Dich über den Rand. Da siehst Du auf dem Boden des Brunnens etwas golden schimmern. Du möchtest gern ergründen, was es ist, doch Kapitän Nemo gibt Dir ein Zeichen, daß Ihr zurückkehren müßt, da Euer Sauerstoff langsam zuende geht.

Ihr schaut noch einmal in den Brunnen. Dann schwimmt Ihr zurück zum Unterwasserboot Nautilust. Du verläßt die versunkene Stadt Atlantis und schwimmst ganz ruhig, sicher und schwer durch das helle und warme Wasser. Die Sonne scheint durch das Wasser hindurch und Du denkst dabei:

Ich bin ganz ruhig und **meine Arme sind ganz schwer.**

Es ist schön, so ruhig und sicher mit Kapitän Nemo zu schwimmen.

Da taucht das Unterwasserboot vor Euch auf."

3. Rücknahme

„Ruhig, schwer und ganz sicher schwimmt Ihr auf die Nautilust zu. Bei der Nautilust angekommen, steigst Du durch die Luke in das Unterwasserboot. Du ziehst den Taucheranzug aus und es ist so, als ob Du aus einem schönen Traum erwachst.

Du beugst und streckst Deine Arme. Du holst tief Luft und atmest wieder aus und machst die Augen auf."

Es kann unter Umständen notwendig sein, die Anweisung, die Arme zu beugen und zu strecken, tief ein und aus zu atmen und die Augen zu öffnen, mehrmals zu wiederholen.

4. Weitere Instruktionen

Zusätzlich zu der *Schwereinstruktion* mit den Armen schließt sich beim zweiten oder dritten Unterwasserausflug die Schwereübung mit den Beinen an. Sie erfolgt analog zu der mit den Armen und ist ebenfalls in die Unterwassergeschichte eingebettet:

„Mein rechtes Bein ist ganz schwer.
Mein rechtes Bein ist ganz schwer." u.s.w.

Die *Wärmeinstruktion* erfolgt dann, wenn beide Schwereinstruktionen durchlaufen sind. Die beginnt mit der Wärmeübung für die Arme.

„Mein rechter Arm ist ganz warm.
Mein rechter Arm ist ganz warm." u.s.w.

Wieder wird die Instruktion in die Geschichte integriert.

Die Wärmeübung für die Beine erfolgt analog.

In der Regel benötigt man 4-6 „Kapitän-Nemo-Geschichten", um die *Schwere- und Wärmeinstruktionen* für Arme und Beine einzuführen.

Andere Instruktionen aus dem Autogenen Training sollen auf keinen Fall übernommen werden.

Wenn die Kinder die *Schwere- und Wärmeinstruktionen* kennen und beherrschen, können Verhaltensanweisungen, die auf bestimmte Probleme der Kinder abgestimmt sind, in die Geschichte integriert werden.

5. Erlebnisse für die Unterwasserausflüge

Hier sind der Phantasie keine Grenzen gesetzt. Der Besuch der Unterwasserstadt Atlantis erfolgt in mehreren Fortsetzungen.

Die Kinder können aber auch eine Walfischherde oder Seepferdchen, Delphine und Seehunde besuchen.

Ein versunkenes Piratenschiff wird gefunden. Eine Unterwasserhöhle mit vielen Perlen kann aufgesucht werden.

Vielleicht denken sich die Kinder auch eine Kapitän Nemo Geschichte aus?

Es sollte beachtet werden, daß beide Entspannungsverfahren nicht in der textlich hier vorgegebenen Form durchgeführt werden müssen. Vielmehr ist es wichtig, daß das methodische Gerüst für die Entspannung als solches erhalten bleibt. Mit welcher Geschichte es dann gefüllt wird, ist dem Leser überlassen.

Besonders günstig ist es, wenn auch hier Verhaltensanweisungen für die Kinder eingebettet werden. Es ist dabei nachzuvollziehen, daß es für Kinder außerordentlich wichtig ist, wenn eine bedeutende Gestalt aus einer Unterwassergeschichte sozusagen eine „Lebensweisheit" (z.B. „Konzentriert geht's wie geschmiert") vermittelt, überzeugender zumindest, als wenn ihr Klassenlehrer dies zum 3. Mal am Vormittag sagt.

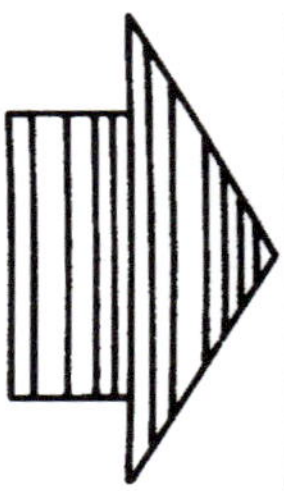

Struktur der Entspannung erhalten!

Geschichten selbst ausdenken!

Verhaltensanweisungen einbetten.

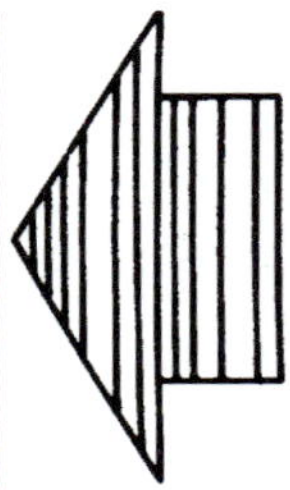

4.3.3 Ein Sommertag

Auch diese Phantasiereise ist ähnlich strukturiert wie die beiden vorher beschriebenen Verfahren. Sie hat ein Einstiegs- und Ausstiegsritual und einen Mittelteil. An sich bleibt der gesamte Text gleich. Er kann durchaus mehrmals verwendet werden. Es ist ein sehr suggestives Verfahren, das zu einer sehr tiefen Entspannung führen kann. Es wird besonders von älteren Kindern geschätzt.

In den Mittelteil können besondere Imaginationen eingebettet werden.

Auch diese Entspannung erfolgt mit Musik.

„Mache es dir ganz bequem. Atme ruhig und gleichmäßig. Vergiß alles, was um dich herum geschieht.

Ich zähle jetzt gleich bis zehn und dabei kannst du dich immer gelöster und entspannter fühlen. Immer schwerer und immer wärmer. Denke dabei an einen schönen Sommertag, an dem du spazierengehst.

Schließe jetzt deine Augen, atme ruhig ein und aus und versuche, dich zu entspannen.

Eins: Du beginnst dich jetzt zu entspannen.

Zwei: Du vergißt alles, was um dich herum geschieht.

Drei: Du atmest ruhig und gleichmäßig.

Vier: Du kannst dich immer schwerer und wärmer fühlen.

Fünf: Immer ruhiger und entspannter werden.

Sechs: Tiefer und tiefer absinken.

Sieben: Die Ruhe und Entspannung genießen.

Acht: Du kannst jetzt einfach abschalten.

Neun: Du bist frei, dich einfach fallen zu lassen.

Zehn: Du kannst dir jetzt vorstellen, an einem schönen Sommertag spazierenzugehen.

Du träumst von einem Spaziergang auf einer weiten grünen Wiese mit vielen bunten Blumen. Es ist ein schöner Sommertag. Am Himmel kannst du einige kleine Wölkchen entdekken.

Die warmen Sonnenstrahlen streicheln Deine Haut. Du fühlst dich ganz gelöst.

Du gehst durch das Gras. Überall bunte Blumen. Hier und da ein Schmetterling, der von Blüte zu Blüte fliegt. Du atmest in tiefen und gleichmäßigen Zügen ein und aus. Du kannst das Gras und den Duft der Blumen riechen.

Es geht dir gut, du fühlst dich zufrieden und entspannt.

Drüben am Waldrand steht ein hochgewachsener Baum mit einem dicken Stamm. Du bist müde geworden von deinem Spaziergang. Du möchtest dich unter seine hellgrünen, schützenden Äste in das weiche Gras setzen.

Während du auf den Baum zugehst, an Laubbäumen entlang, glitzern Sonnenstrahlen durch die Äste und Blätter der Bäume hindurch. Ein freundliches Licht umflutet dich. Vor dir kannst du einen kleinen Bach sehen, der sich seinen Weg durch den Wald bahnt.

Du näherst Dich dem Baum und fühlst dich ganz zufrieden. Gelöst. Entspannt.

Unbeschwert. Ruhig und gelassen. Du bist eins mit dir selbst und eins mit der Natur.

Du stehst jetzt vor dem Baum und schaust nach oben. Über Dir die hellgrünen Blätter, die einem riesigen Zeltdach ähneln.

Du setzt dich in das weiche Gras und lehnst dich an den breiten Stamm des Baumes.

Während dein Blick über die weite grüne Wiese wandert, genießt du die Ruhe und Entspannung. Du bist eins mit dir selbst und eins mit der Natur.

Du kannst jetzt abschalten. Abschalten. Nichts tun. Träumen. Tiefer und tiefer sinken.

Du fühlst dich schwer und warm, bist entspannt und gelöst, ruhig und zufrieden.

Du spürst in Dir Zufriedenheit. Du fühlst dich ganz entspannt. Ausgeglichen und gelöst.

Du ruhst Dich aus. Du fängst jetzt an zu träumen. (Pause).

Hinweis: An dieser Stelle der Entspannung können eine Imaginationsübung oder ein Bild, oder eine Phantasie eingefügt werden.

Langsam versinkt die Sonne hinter dem Horizont.

Auch nach deinem Spaziergang kannst du dich ruhig und zufrieden fühlen. Immer wenn du an diesen schönen Sommertag denkst, spürst du in dir Ruhe, Wärme und Zufriedenheit.

Langsam kehrst du jetzt aus deinen Träumen zurück.

Du nimmst jetzt wieder den Baum über dir und die Wiese vor dir wahr. Du kehrst langsam zurück ins Hier und Jetzt.

Ich werde gleich langsam von zehn bis null zählen, dabei kehrst du allmählich zurück ins Hier und Jetzt. Wenn du wach geworden bist, fühlst du dich ganz ruhig, zuversichtlich, gelassen, stark, selbstbewußt, ruhig und zufrieden.

Zehn: Du kannst zurückkehren ins Hier und Jetzt.

Neun: Du fühlst dich gelassen, ruhig und zufrieden.

Acht: Du wirst allmählich wieder wach.

Sieben: Du genießt die innere Ruhe.

Sechs: Erstaunlich, wie ruhig und zufrieden man sich fühlen kann.

Fünf: Es ist schön zu wissen, daß du entspannt sein kannst.

Vier: Es macht Spaß, seine Phantasie zu entfalten.

Drei: Du ballst jetzt die Hände zur Faust.

Zwei: Du streckst die Arme nach oben und atmest tief ein und aus.

Eins: Du öffnest die Augen und fühlst dich ganz wohl.

Null: Du bist jetzt zurückgekehrt.

5. Kreatives Schreiben und Entspannung

Genauso wie die meisten Kinder nach der Entspannung gern malen, ist es möglich, sie zum Schreiben zu motivieren, wenn es ihnen vom Unterricht her nicht völlig verleidet ist.

Natürlich werden jüngere Kinder noch keine langen Texte produzieren, aber schon ein oder zwei Sätze können für manche Kinder sehr viel bedeuten. Wir haben die Beobachtung gemacht, daß selbst Sonderschüler, die sonst sehr schwer für das Schreiben zu begeistern sind, ausgesprochen gern im Rahmen von Entspannungsverfahren Texte verfassen.

So ist es vorstellbar, daß in einer Entspannungsgeschichte ein *Zettel mit einer wichtigen Nachricht* oder eine *Tafel mit einer Inschrift* gefunden wird und die Kinder können sich ausdenken, was auf dem Zettel oder der Tafel stehen könnte und schreiben dies nach der Entspannung auf.

So könnte auf der Tafel stehen:

„Ich soll .... ich will!"

oder „Mitten in der Nacht .....!"

oder „Früher .... heute ....!"

Schon im 4. Schuljahr schreiben die Kinder gern einen kleinen Text, sie können aber auch – was sie in der Regel lieber tun – ein kleines Gedicht verfassen (es muß sich nicht reimen !). Es ist immer wieder erstaunlich, was für kreative und nachdenklich stimmende Texte von Kindern verfaßt werden.

**Andre ist ein neunjähriger, überaktiver Junge.
Er schreibt:**

Ich soll – ich will

Ich soll mich benehmen.
Ich will mich nicht benehmen.
Ich soll mich nicht schlagen.
Ich will mich schlagen.
Ich soll nicht mit Feuer spielen.
Ich will mit Feuer spielen.
Ich soll nicht lügen.
Ich will aber lügen.
Ich soll arbeiten.
Ich will nicht arbeiten.

Mitten in der Nacht ....

Mitten in der Nacht wache ich auf.
Mitten in der Nacht mache ich Schulaufgaben.
Mitten in der Nacht trinke ich was.
Mitten in der Nacht esse ich was.
Mitten in der Nacht höre ich Kassetten.
Mitten in der Nacht schreit eine Eule.
Mitten in der Nacht scheint der Mond.
Mitten in der Nacht scheinen die Sterne.
Mitten in der Nacht regnet es.
Mitten in der Nacht weine ich.

Es ist natürlich auch möglich, eine Entspannungsübung durchzuführen, die zu einem Schreibexperiment führt.

Zeugnisse

Die Kinder setzten sich entspannt hin. Es wird eine Ruhetönung durchgeführt. Schreibmaterial liegt bereits vor jedem Kind.

Es ist jetzt möglich den gesamten Text „Was wäre wenn ...“ von Christine Nöstlinger (Nöstlinger, C. & Bauer, J.: Ein und Alles. Ein Jahrbuch. Verlag: Beltz und Gelberg. Weinheim 1992, S. 388) vorzulesen – sozusagen als Entspannungsübung.

Man kann sich auch aber darauf beschränken lediglich eine Aufgabenstellung zu geben, in der sich Kinder mit der Thematik „Zeugnisse“ auseinandersetzen können:

Was wäre, wenn nicht die Lehrer den Kindern, sondern die Kinder den Lehrern die Noten geben würden?

Auch bei dieser Übung ist es günstig, wenn die Kinder ihren Text in Ruhe nach Musik schreiben.

Was wäre, wenn nicht die Lehrer den Kindern, sondern die Kinder den Lehrern die Noten geben würden?

„Dann könnte man den Lehrern eine „6“ geben, wenn sie in ihrem Buch laufend ablesen würden. Dann könnte man ganz viele Arbeiten schreiben und sie streng bewerten. ....“ Jan, 10 J.

„... Dann müßten die Lehrer für die Arbeiten üben. Dann könnten die Kinder länger draußen bleiben und spielen. ....“ Omar, 10 J.

„... Dann würden die meisten Lehrer heulen, weil sie immer so schlechte Noten hätten. Dann würde Herr M. eine 4 bekommen, weil er so viel spuckt und Herr L. eine 5, weil er immer die Tische so lange kontrolliert, so daß die Kinder aus Friedensdorf den Bahnbus nicht bekommen. Und dann würde Herr S. ganz komisch gucken, weil er eine 4 im Zeugnis hätte für seine dummen Witze, über die ich überhaupt nicht lachen kann. ...“ Gregor, 10 J.

„... Dann würden die Lehrer sitzenbleiben. Dann würden sie zuhause Ärger kriegen. Dann hätten sie keine Lust mehr, zur Schule zu gehen. Dann müßten sie genauso viele Hausaufgaben machen wie wir und würden sich beklagen. ...“ Malte, 10 J.

„... Dann würde ich Frau S. eine 3 geben, weil sie uns vorturnen läßt und immer zuguckt und Noten gibt. Und Frau B. bekäme auch eine 3, weil sie so viel abschreiben und auswendig lernen läßt. Und Herr H. würde eine 4 bekommen, weil er immer so lange für das Nachsehen einer Klassenarbeit braucht. Und Herr K. bekommt eine 1, weil er so lustig ist und mit uns so viele schöne Sachen im Unterricht macht und so viele Spiele weiß und sich Überraschungen für uns ausdenkt. Auch Herr L. bekommt eine 1, weil er uns in Kunst Walkman hören läßt. ...“ Sebastian, 10 J.

Die Flaschenpost

„Du sitzt ruhig auf Deinem Platz, hast die Augen geschlossen und atmest ruhig ein und aus. Jetzt schließt Du bitte die Augen!

Stell Dir vor, Du bist am Strand eines Meeres. Du sitzt im Sand und beobachtest die Wellen, wie sie an Land rollen. Es ist ein schöner Sommertag. Du fühlst Dich wohl, Du beschließt in dem angenehm warmen Wasser zu baden. Du stehst auf und gehst auf den Wasserrand zu. Du stehst mit den Füßen im Wasser und gehst ein paar Schritte nach vorne, da stößt Du mit den Zehen Deines rechten Fußes gegen eine Flasche. Du hebst die Flasche auf. Sie ist aus durchsichtigem Glas und mit einem roten Siegel verschlossen. Du drehst die Flasche unschlüssig in der Hand und entdeckst eine Papierrolle in ihr. Du wirst jetzt ganz neugierig und möchtest gern wissen, was auf der Papierrolle steht. Es gelingt Dir, das Siegel zu erbrechen und die Papierrolle aus der Flasche zu schütteln. Du rollst sie auseinander. Es ist eine Flaschenpost. Du erkennst, daß es sich um einen Brief handelt. Du liest ihn Dir genau durch ..... Wer hat ihn abgeschickt? Was steht in der Flaschenpost? Wer soll sie erhalten? Wann wurde sie abgeschickt?

Wenn Du Dir alles genau vorstellen kannst, öffnest Du bitte die Augen, streckst die Arme und schreibst bitte auf, was Du gelesen hast."

Mein Film

„Du sitzt ruhig auf Deinem Platz, atmest tief ein und aus und hast die Augen geschlossen.

Du stellst Dir vor, Du bist im Kino und möchtest Dir einen Film ansehen (auch möglich: Du sitzt vor dem Fernseher und siehst einen Film). Die Licht geht langsam aus. Der Vorhang öffnet sich. Die weiße Leinwand ist zu sehen. Du lehnst Dich in Deinem Sessel zurück und bist gespannt auf den Film. Da kannst Du auf der Leinwand – ganz dick gedruckt – lesen: „Programmänderung". Du bist jetzt ganz gespannt. Das Licht geht ganz aus. Der Film beginnt. Schon nach wenigen Sekunden erkennst Du, daß Du selbst die Hauptfigur dieses Filmes bist.... Wie heißt der Film? Wovon handelt er? Du hast jetzt Zeit, Dir Deinen Film anzusehen......

Wenn Du Dir alles genau vorstellen kannst, streckst Du bitte die Arme, atmest tief ein und aus, öffnest die Augen und beginnst damit, aufzuschreiben (je nach Alter) wie der Film heißt und wovon er handelt."

Das Dichten von Haikus ist ein besonders schönes Experiment für Kinder ab dem 4. Schuljahr. Es ist der Einstieg in die Meditation.

Das Haiku ist eine Gedichtform, die aus dem Japanischen kommt, die ein Metrum von 5-7-5 Silben hat und nur aus drei Zeilen besteht. Zu diesem formalen Element kommt eine inhaltliche Gebundenheit an Naturerscheinungen und der Bezug zu einer der vier Jahreszeiten. Ein Haiku entsteht aus einer meditativen Versenkung, der tiefen Konzentration und einer geistigen Sammlung. Besonders schöne Haikus finden sich in dem Buch von Else Müller: Du fühlst die Wunder nur in dir.[6]

So kann als Einstieg ein Haiku von Else MÜLLER verlesen werden – z.B.:

Tau hängt an Gräsern.
Sie beugen sich unter der Last,
trotzen aber dem Wind.

---

6) E. Müller: Du fühlst die Wunder nur in dir. Frankfurt 1989, S. 109 ff.

Das Haiku wird 1-2 Mal vorgelesen. Es wird nicht gedeutet. Man überläßt sich den inneren Bildern und Gefühlen.

Nicht notwendigerweise muß das Haiku an Naturerscheinungen gebunden sein, wie das folgende Beispiel zeigt:[7]

Schule? Schule!

Ein offenes Haus –
voller Freude an Ideen
und voller Lachen

Offene Kinder –
neugierig auf uns're Welt,
auf Geheimnisse.

Offene Lehrer
auf der Suche nach sich selbst,
von Kindern lernend.

Es ist aber auch denkbar, daß man selbst ein Haiku verfaßt, um den Kindern zunächst einmal zu demonstrieren, wie das Metrum von 5-7-5 Silben gemeint ist.

Die Kinder erhalten nun etwas Zeit, um selbst ein oder mehrere Haikus zu dichten. In der Regel verfassen sie mehrere. Dabei wird eine beruhigende Musik gespielt. Jedes Kind liest dann seine Haikus vor.

Danach sucht jedes Kind aus seinen Haikus dasjenige aus, das ihm besonders gut gefällt.

Dieses Haiku schenkt es einem anderen Kind.

Der Beschenkte schreibt das Haiku auf die untere Hälfte eines DIN A 4 Blattes und malt zu dem Haiku ein passendes Bild – wieder bei Musik.

Wenn alle Kinder fertig sind, werden die Haikus noch einmal verlesen und jedes Kind kann sein Bild erläutern.

---

7) G. Hofer: Erlebnis Mitwelt. Wien 1990, S. 110.

Wir haben die Beobachtung gemacht, daß die Kinder besonders gern mit Faserschreibern (permanent) auf Overheadfolie schreiben und malen. Die Bilder können dann über den Overheadprojektor betrachtet werden. Außerdem läuft der Stift ganz mühelos über die Folie – eine wichtige Erfahrung gerade auch für motorisch unruhige Kinder, die meist denken, daß sie überhaupt nicht zeichnen könnten.

[redacted] [redacted] [redacted]

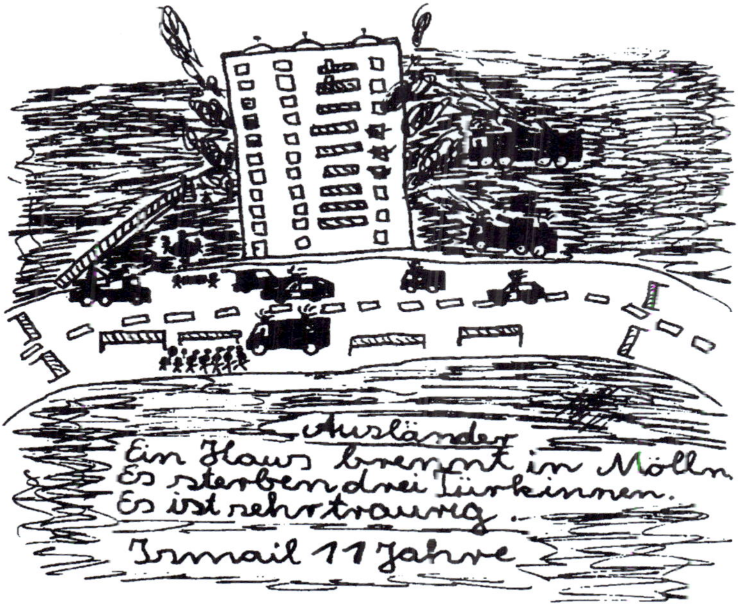

6. Praktische Hinweise

In Fortbildungsarbeit mit LehrerInnen tauchen immer wieder einige Fragen auf, die offensichtlich für alle, die Entspannung in Gruppen durchführen, besonders wichtig zu sein scheinen.

Der Einsatz von Entspannungsverfahren löst nicht von vornherein alle Probleme, die in einer Klasse auftreten können. LehrerInnen berichten, daß sie den Eindruck haben, daß sich durch regelmäßigen Einsatz von Entspannungsübungen die Kinder ihrer Klasse und sie sich selbst verändert haben.

Die Kinder können nach Entspannungsübungen oft gut Aufgabenstellungen angehen, die eine größere Konzentration erfordern. Ihre Fähigkeit, Details aufzunehmen und zu verarbeiten wird zusehends besser. Die Sensibilität im Umgang miteinander nimmt zu. Die Kinder zeigen deutlich mehr Verständnis und Gefühl für die Situation anderer Kinder.

Die LehrerInnen selbst weisen darauf hin, daß sie sich selbst durch den Einsatz von Entspannungsverfahren verändert haben. Sie sind gelassener, ruhiger und ausgeglichener geworden. Sie haben deutlich weniger Strafreize angewendet und mußten weniger mit ihren Klassen schimpfen.

1 Wie erkläre ich Kindern und Eltern, daß ich im Unterricht Entspannungsverfahren einsetze?

Verzichten Sie darauf, den Kindern ein Vortrag über die Vor- und Nachteile von Entspannung oder über Prinzipien des Autogenen Trainings zu halten. Sie müssen die Kinder nicht überzeugen, wie wichtig es für sie ist, zu entspannen. Solche Belehrungen können gleich von Anfang an zu Schwierigkeiten führen. Manche Kinder haben nämlich bereits etwas von Entspannung oder Autogenem Training gehört. So hat einmal ein Junge berichtet, daß seine Mutter in Kur gewesen sei und dort Entspannung gemacht habe. „Dabei haben sich alle auf eine Decke gelegt, eine Kerze angezündet und geschwiegen.“ Alle Kinder fanden dies „unheimlich blöd“.

Also keine Belehrungen und langen Vorträge – sie haben meist doch mehr mit der Angst der Lehrkraft zu tun, ob die erste Entspannungsübung auch gelingen wird, da LehrerInnen in bezug auf Mißerfolge eine recht geringe Frustrationstoleranz haben.

Geben Sie den Kindern eine kurze Information – z.B. derart, daß Sie den Kindern berichten, daß einige große Bundesliga-Fußballvereine in der Halbzeitpause einen Psychologen engagiert haben, der mit den Spielern Entspannungsübungen durchführt, damit sie sich lockern und in der 2. Halbzeit gut konzentrieren können, da ja von dem Spiel viel abhängt. Betonen Sie nun, daß Sie gleich eine ähnliche Entspannungsübung – wie sie auch die Fußballer machen – mit den Kindern durchführen werden.

Vermutlich werden Sie wohl keine Kinder finden, die jetzt noch Einwände haben. Gerade vom Sport her haben Kinder oft auch schon positive Informationen über Entspannung (z.B. Stretching).

Den Eltern kann erläutert werden, daß Entspannungsübungen ein fester Bestandteil im Unterricht sind, da hierdurch die Phantasie, die Kreativität und das Konzentrationsvermögen der Kinder gefördert und verbessert werden.

Für die Eltern ist es sehr wichtig, daß sie z.B. auf einem Elternabend erleben, wie für sie selbst Entspannung ist. Das heißt, Sie machen mit den Eltern eine der Entspannungsübungen, die sie auch mit den Kindern machen. So können sich die Eltern gut vorstellen, wie Entspannung wirken kann. Mehrere LehrerInnen berichten, daß sie auf ihren Elternabenden regelmäßig Entspannungsübungen durchführen, da die Eltern dies gewünscht hätten. Eine Vorklassenleiterin erzählt, daß sie zusätzlich zu Entspannungsübungen auch die Eltern regelmäßig bittet zu zeichnen. Sie vergleichen dann gemeinsam die Zeichnungen der Erwachsenen mit denen der Kinder und stellen oft verblüffende Übereinstimmungen fest.

2 Wie gehe ich mit religiösen Bedenken von Eltern um?

In der Regel haben Eltern keine Bedenken gegen die Durchführung von Entspannungsübungen. Vielmehr können Sie davon ausgehen, daß die große Mehrzahl der Eltern sie unterstützen und die Entspannungsübungen begrüßen wird.

Bei mehr pietistischen Elterngruppen und Anhängern von religiösen Sekten (gelegentlich auch bei den Zeugen Jehovas) können Sie u.U. auf massive Widerstände stoßen. Diese Gruppen glauben, daß ihre Kinder in der Entspannung keinen eigenen Willen mehr hätten, „manipulierbar“ seien und von daher in ihrer Verbindung zu Gott behindert seien.

Hier hat es sich als sinnlos erwiesen, Überzeugungsarbeit zu leisten und eine sachliche Auseinandersetzung zu führen. Diese Menschen wollen gar nicht überzeugt werden und beharren in der Regel rigide auf ihrem Standpunkt.

Da Sie das Kind selbst nicht von den Entspannungsübungen ausschließen und auch nicht in einen Konflikt bringen wollen, bieten Sie den Eltern folgende Lösung an, die sich als erfolgreich erwiesen hat:

Während Sie die Entspannungsübung durchführen, kann das Kind beten. Beten ist eine Form der Meditation, die von den Eltern solcher Gruppierungen selbstverständlich akzeptiert wird.

Es ist nicht Ihre Aufgabe zu kontrollieren, ob das Kind gebetet hat oder der Entspannungsübung gefolgt ist!

3

Mit wieviel Kindern kann ich die Entspannungsübungen durchführen?

Hinter dieser Frage steht die Angst der LehrerInnen, eine Entspannung mit allen Kindern der Klasse durchzuführen. Sie denken dabei in der Regel an die unruhigeren Kinder und trauen ihnen nicht zu, daß sie sich auch auf Entspannung einlassen können. Von daher schlagen sie vor, zunächst mit einer kleinen Gruppe von Kindern zu beginnen.

Hierfür gibt es keine sachliche Begründung. Welche Kinder dürfen an der Entspannung teilnehmen und welche nicht?

Wenn Sie sich noch nicht sofort die Durchführung einer Entspannungsübung zutrauen, machen sie einige der hinführenden Übungen (vgl. 4.1), aber schließen Sie nie einzelne Kinder oder Gruppen aus. Die hier vorgestellten Übungen wurden in vielen Klassen durchgeführt – gleichgültig ob es 20 oder 36 Kinder waren. Sie sind so ausgewählt, daß sie ohne Bedenken in der Schulklasse eingesetzt werden können. Das bedeutet nicht, daß nicht auch Schwierigkeiten auftreten können: auf beiden Seiten – bei den Kindern aber auch bei den LehrerInnen als Trainer.

4

Wie oft soll ich in der Klasse Entspannungsübungen machen?

Bei Vorklassenkindern sind Entspannungsübungen täglich möglich. Hier sollte auch nach jeder Übung gemalt werden – sozusagen als „Ritual“.

Sie sollten sich am Anfang pro Woche regelmäßig mindestens 1-2 Stunden Zeit nehmen. Dabei können sie ganz bestimmte, festgelegte Stunden dafür vorsehen. Diese Stunden sind dann ausschließlich dazu da, um Entspannung mit den Kindern einzuüben. Keinesfalls so, wie eine Lehrerin erzählte: „Heute hatte ich soviel Streß im Unterricht, daß ich gar nicht mehr zur Entspannung kam.“

Zusätzlich zu den „Entspannungsstunden“, wie sie oft von den Kindern genannt werden, führen Sie dann Entspannungsübungen durch, wenn Sie denken, daß der Zeitpunkt günstig ist: z.B. vor schwierigen Arbeiten (in der Regel Mathearbeiten), vor Aufgabenstellungen, die viel Konzentration erfordern und in Stunden, in denen „eh nichts mehr läuft“. Sie kennen das, wenn Sie 20 Minuten unterrichtet haben und feststellen, daß die Kinder nichts mehr aufnehmen. Weil Sie es so gewohnt sind, unterrichten Sie die restlichen 25 Minuten weiter, obwohl Sie genau wissen, daß der Unterricht die Kinder nicht mehr erreicht und keinerlei Effizienz hat. Hier ist es viel günstiger, eine kleine Entspannungsübung einzuschieben, damit die Kinder sich wieder regenerieren können.

Grundsätzlich sollten Sie darauf achten, die Entspannungsübungen regelmäßig und nicht zu sporadisch einzusetzen.

5

Bin ich im Unterrichtsstoff weiter zurück als andere KollegInnen, wenn ich Entspannung mit den Kindern mache?

Der Einsatz von Entspannungsübungen bedeutet nicht, daß Sie langsamer vorankommen als Ihre KollegInnen. Sie können davon ausgehen, daß Sie im Rahmen von Entspannungsübungen viele Dinge – wie Erzählen, Formulieren, freies Sprechen, Aufmerksamkeit fokussieren etc. – bei den Kindern einüben, Übungen also, die in diesem Rahmen von ihnen mit hoher Motivation bewältigt werden. Vielen Grundschulkindern fällt es ganz schwer, überhaupt Phantasievorstellungen zu entwickeln, da sie es gewohnt sind, daß ihnen durch das Fernsehen die Bilder vorgegeben werden. Neben der Vermittlung der Kulturtechniken kommt der Förderung der Kinder in dieser Hinsicht eine ganz besondere Bedeutung zu.

6

Wie gehe ich mit Lärm und Störungen außerhalb der Klasse um?

Grundsätzlich wird es in der Schule nie absolut „ruhig“ sein. Störgeräusche gehören zum Alltag einer Schule. So wird es sicher vorkommen, daß in einer Entspannung der Gong ertönt, jemand hereinkommt, draußen ein Zug oder Autos zu hören sind, ein Flugzeug über das Klassenzimmer fliegt usw.

Kinder sind es gewohnt, in einem gewissen Lärmpegel zu arbeiten. Sie können ohne Schwierigkeiten, Störgeräusche „abschalten“, wenn sie dies möchten. So nehmen sie auch während der Entspannung störende Geräusche in der Regel nicht oder nur entfernt zur Kenntnis.

Es ist eher so, daß derjenige, der die Entspannung durchführt, bei Störgeräuschen irritiert ist. Wenn Sie die Kinder genau beobachten, werden Sie feststellen, daß sie tief in der Entspannung bleiben.

Sie können aber auch Störgeräusche ohne Schwierigkeiten in die Entspannung integrieren, indem Sie sie im Text ansprechen:

„Wir hören jetzt draußen noch, wie die Autos an der Schule vorbeifahren. Das Geräusch der vorbeifahrenden Autos stört uns überhaupt nicht , sondern es bewirkt eigentlich nur, daß Du Dich noch besser und tiefer entspannen kannst ...“

Bei einer Videoaufnahme einer Entspannungsgeschichte in einem 3. Schuljahr flogen mitten in der Entspannung acht Düsenjäger über die Schule. Die Kollegin wußte nicht, ob sie ihre Entspannungsgeschichte unterbrechen, abbrechen oder neu anfangen sollte, weil sie dachte, die Kinder wären jetzt bestimmt nicht mehr entspannt. Glücklicherweise hat sie einfach weitererzählt. Nach der Entspannung wurden die Kinder gefragt, wie stark die Düsenjäger sie gestört hätten. Das Ergebnis war verblüffend. Die Hälfte der Kinder hatte die Düsenjäger gar nicht zur Kenntnis genommen – bzw. gehört. Die andere Hälfte hatte die Düsenjäger zwar gehört, hat sich aber ebenfalls nicht stören lassen.

7

Wie verhalte ich mich, wenn Kinder sehr stark stören?

Natürlich kommt es vor, daß Kinder während der Entspannung unruhig werden.

Ein Kind, das einen starken Hustenreiz hat, wird sich nur schwer entspannen können. Hier können Sie unbesorgt das Kind während der Entspannung ansprechen und auffordern, sich auszuhusten. Die anderen Kinder werden durch diesen Einschub in ihrer Entspannung nicht unterbrochen.

Zappelt ein Kind, so können Sie versuchen, dies im Rahmen der Entspannungsgeschichte abzustellen. Zum Beispiel könnte Kapitän Nemo sagen: „Klaus, halte bitte die Beine ruhig, damit Du besser schwimmen kannst." Oder „Susanne, mache bitte die Augen zu, weil der Zauberteppich gleich schneller fliegen wird."

Hat ein Kind einen Lachkrampf oder kann sich überhaupt nicht auf die Entspannung einlassen und stört dabei die anderen Kinder, so erhält es – wie die Psychologen sagen – ein „Time out" – das bedeutet, es muß solange vor die Tür gehen, bis die Entspannung vorbei ist. Da die Kinder in der Regel die Entspannungsgeschichten sehr gern hören, werden sie dem Kind berichten, wie interessant und schön es war, so daß davon auszugehen ist, daß das Kind sich bei der nächsten Entspannung strukturieren kann. Wenn ein Kind nicht zur Ruhe kommt, sollten Sie nicht zu lange warten, bis Sie das „Time out" aussprechen, da Sie selbst bei der Durchführung immer nervöser werden: hier gilt „besser ein Ende mit Schrecken als ein Schrecken ohne Ende."

KollegInnen, die Probleme mit der Aufsichtspflicht haben, können mit KollegInnen der Nachbarklassen vereinbaren, daß das Kind u.U. für 10 Minuten zu ihnen kommt.

Ist das Time-out einmal ausgesprochen, bleibt das Kind während der gesamten Entspannungsübung vor der Tür. Natürlich darf es dann bei der nächsten Entspannungsübung wieder mitmachen. Sie sollten ihm tröstend versichern, daß Sie eigentlich ganz sicher sind, daß es das nächste Mal besser klappen wird.

Bei insgesamt sehr unruhigen Kindern, die man gern an Entspannung gewöhnen möchte, kann es günstig sein, diese durch Verstärker (Tokens) zu belohnen, wenn sie sich in der Entspannung bemühen, zur Ruhe zu kommen. Das Kind kann sich dann nach der Entspannung mit 1, 2 oder 3 Punkten belohnen, so wie es der unten angefügte Plan zeigt. Hat es 20 Punkte erreicht, erhält es einen kleinen Preis.

8 Erfolgt die Entspannung mit oder ohne Musik und welche Musik wähle ich?

Wir haben die Beobachtung gemacht, daß es in der Schule für Kinder eindeutig hilfreich ist, wenn die Entspannung an Musik gebunden ist. Auch die LehrerInnen, die in der Regel gewohnt sind, sehr schnell zu sprechen, können ihr Sprechtempo gut der Musik anpassen (vgl. 4.2).

Grundsätzlich ist für die Entspannung Musik zu empfehlen, die so komponiert bzw. gespielt wird, daß sie 60 Taktschläge hat, was einem verlangsamten Herzrhythmus entspricht.

Über den Musikgeschmack läßt sich streiten. In vielen Grundschulklassen haben wir die Erfahrung gemacht, daß die Musik von Arnd Stein (vgl. Literaturverzeichnis) für viele Entspannungsverfahren sehr gut geeignet ist. Andere Komponisten oder Interpreten sind jedoch auch denkbar. Von unserer Beobachtung her mögen jüngere Kinder nicht so gern fremdartig klingende Musik (z.B. indische oder rein klassische Musikstücke) – auch wenn Erwachsene vielleicht sehr gut dabei meditieren können. Kinder bevorzugen eher eine Musik, die vom Klang her „harmonisiert“.

VERTRAG

zwischen

.... und ....

Ich kann mich entspannen

....
Unterschrift

....
Unterschrift

9

Wie reagiere ich auf Kinder, die „nie“ etwas bei der Entspannung sehen?

Lassen Sie sich hierdurch nicht irritieren. Besonders jüngeren Kinder fällt es anfangs schwer, Bilder in ihrer Phantasie zu entwickeln. Fragen Sie das Kind, ob es die Geschichte verstanden und ob es zugehört hat. Wenn es zugehört hat, ist dies für den Anfang ausreichend und in Ordnung.

Viele Kinder sehen dann zunächst einige Details – z.B. den Himmel, oder einen bestimmten Fisch, einen Baum oder eine Farbe etc. Nach einiger Zeit können sich eigentlich alle Kinder Bilder vorstellen.

10

Was kann ich tun, wenn ausländische Kinder noch nicht ausreichend Deutsch können, um die Entspannungsgeschichte zu verstehen?

Die Antwort ist einfach: „gar nichts“.

Versuchen Sie bitte keinesfalls, besonders einfach zu formulieren und womöglich noch in abgehackten und verkürzten Sätzen zu sprechen.

Vertrauen Sie darauf, daß auch Kinder, wenn sie nicht den ganzen Text verstehen, durchaus Bilder entwickeln. Vielleicht inspiriert sie schon der Klang der Wörter. Nach einer „Kapitän Nemo“-Geschichte haben wir einen russischen Jungen gefragt, was er gesehen habe. Jurek hatte so geringe Deutschkenntnisse, daß er keinesfalls den Inhalt der Geschichte erfaßt haben konnte. Jurek antwortete mit starkem Akzent: „Das Meer“, „blau“, „Kapitän“. Als er aufgefordert wurde, die Geschichte doch auf Russisch nachzuerzählen, hörte er gar nicht mehr auf zu berichten. Er konnte das Gesehene auch malen. Es war eine Geschichte, seine Geschichte. Es war noch nicht unsere Entspannungsgeschichte, und dennoch konnte er in seiner Phantasie Bilder entwickeln und zu einem Abenteuer zusammensetzen. Es reichten einige wenige Wörter, um dies auszulösen.

Literatur

Brunner, R.: Hörst Du die Stille? Kösel Verlag. München 1991.

De Mille, R.: Setz die Mutter auf den Tiger. Isko Press. Hamburg 1978.

Diehl, B.J.M.; Miller, T.: Moderne Suggestionsverfahren. Springer Verlag. Berlin, Heidelberg 1990.

Friedrich, S.; Friebel V.: Entspannung für Kinder. rororo Tb. 8563. Hamburg 1990.

Hofer, G.: Erlebnis Mitwelt. hpt Verlag. Wien 1990

Krowatschek, D.: Marburger Konzentrationstraining. borgmann publishing GmbH, Dortmund 1994.

Kruse, W.: Entspannung. Deutscher Ärzte Verlag. Köln 1988.

Manteufel, E., Seeger, N.: Selbsterfahrung mit Kindern und Jugendlichen. Kösel Verlag. München 1992

Müller, E.: Auf der Silberlichtstraße des Mondes. Fischer Tb 3363. Frankfurt 1990.

Müller, E.: Hilfe gegen Schulstreß. rororo Tb. 7877. Hamburg 1990.

Müller, E.: Du fühlst die Wunder nur in dir. Fischer Tb. 3534. Frankfurt 1989.

Oaklander, V.: Gestalttherapie mit Kindern und Jugendlichen. Klett-Cotta. Stuttgart 1988.

Petermann F., Petermann U.: Training mit aggressiven Kindern. Urban und Schwarzenberg. München 1984.

Rücker-Vogler, U.: Yoga und autogenes Training mit Kindern. Don Bosco Verlag. München 1989.

Vopel, K.: Kinder ohne Streß. Teil 1: Bewegung im Schneckentempo. Teil 2: Im Wunderland der Phantasie. Teil 3: Reise mit dem Atem. Teil 4: Zauberhände. Teil 5: Ausflüge im Lotussitz. Isko Press. Hamburg 1990.

Weinberg, E.: Autogenes Training mit Kindern. Karl F. Haug Verlag. Heidelberg 1989.

Whitmore, D.: Kreativitätsspiele mit Kindern. Kösel Verlag. München 1986.

Musik

Karunesh: Colours of Light. Nightingale Records. Meistersinger Music. Forchheim. 1989.

Karunesh: Sounds of My Heart. Nightingale Records. Meistersinger Music. Forchheim. 1987.

Stein, A.: Harmonie. Vol 1-4. Verlag für therapeutische Medien. Iserlohn 1990.

Raum für Notizen:

Raum für Notizen:

Weitere Titel des Autors

Dieter Krowatschek

Überaktive Kinder im Unterricht

Ein Programm zur Förderung der Selbstwahrnehmung, Strukturierung, Sensiblisierung und Selbstakzeptanz unruhiger Kinder im Unterricht und in der Gruppe

1996, XII/188 S., mit zahlreichen Kopiervorlagen, Format DIN A4, im Ordner, ISBN 3-86145-099-2, **Bestell-Nr. 8377,DM 78,00**

Entspannung in der Schule

Anleitung zur Durchführung von Entspannungsverfahren in den Klassen 1-6

„Die Traumreisen haben wie ein Haupttreffer in der Losbude eingeschlagen. Die Kinder entspannen sich mit Begeisterung, verbalisieren anschließend ihre Empfindungen und gehen gelassener den nächsten Arbeitsschritt an. / Praxisnah! Wird auch von schwierigen Kindern angenommen!" LeserInnenzuschriften

3. Aufl. 1997, 112 S., mit Farbabb., DIN A 5, Ringbindung, Buch und Musikcassette im Schuber, ISBN 3-86145-107-7, **Bestell-Nr. 8368, DM 49,80**

Marburger Konzentrationstraining

Kopiervorlagen-Mappe

2., unveränd. Aufl. 1995, 184 S., davon 80 Kopiervorlagen, Format DIN A 4, im Ordner, ISBN 3-86145-053-4 **Bestell-Nr. 8365, DM 78,00**

Marburger Konzentrationstraining als Computerprogramm

Technische Voraussetzungen: mindestens 386er PC, Super-VGR-Graphikkarte, DOS 3.2 und höher, mindestens 38 MB freier Festplattenspeicher, Maus.
1996, vier 3 1/2" Disketten mit Begleitheft (ca. 40 S.), im Schuber, ISBN 3-86145-122-0
Bestell-Nr. 9014, DM 69,80

Porto- und nachnahmefreie Lieferung in 48 Std.:

borgmann publishing
Hohe Str. 39 • D-44139 Dortmund
Telefon (0180) 534 01 30
Telefax (0180) 534 01 20